A coragem de ser quem você é
(mesmo que não goste tanto disso)

A coragem
de ser
quem você é
(mesmo que não
goste tanto disso)

Walter Riso

A coragem de ser quem você é
(mesmo que não goste tanto disso)

Um guia para os rebeldes
que amam sua individualidade

Tradução
Sandra Martha Dolinsky

Copyright © Walter Riso
c/o Schavelzon Graham Agencia Literaria
www.schavelzongraham.com
Copyright © Editora Planeta do Brasil, 2024
Copyright de tradução © Sandra Martha Dolinsky, 2024
Título original: *El coraje de ser quién eres (aunque no gustes)*
Todos os direitos reservados

Preparação: Diego Franco Gonçales
Revisão: Mariana Muzzi e Tamiris Sene
Projeto gráfico e diagramação: Renata Zucchini
Capa: Estúdio Insólito

Dados Internacionais de Catalogação na Publicação (CIP)
Angélica Ilacqua CRB-8/7057

Riso, Walter
  A coragem de ser quem você é (mesmo que não goste tanto disso) / Walter Riso ; tradução de Sandra Martha Dolinsky. - São Paulo : Planeta do Brasil, 2024.
  208 p.

  ISBN 978-85-422-2693-5
  Título original: El coraje de ser quién eres (aunque no gustes)

  1. Desenvolvimento pessoal 2. Autoconhecimento 3. Autoaceitação I. Título II. Dolinsky, Sandra Martha

24-1451   CDD 158.1

Índice para catálogo sistemático:
1. Desenvolvimento pessoal

MISTO
Papel | Apoiando o manejo
florestal responsável
FSC® C005648

Ao escolher este livro, você está apoiando o manejo responsável das florestas do mundo.

2024
Todos os direitos desta edição reservados à
EDITORA PLANETA DO BRASIL LTDA.
Rua Bela Cintra, 986, 4º andar – Consolação
São Paulo – SP – CEP 01415-002
www.planetadelivros.com.br
faleconosco@editoraplaneta.com.br

*Aos que lutam para serem eles mesmos
e não se dão por vencidos.*

Ser diferente não é bom nem ruim... simplesmente significa que tem coragem suficiente para ser você mesmo.
ALBERT CAMUS

A partir de agora, eu me declaro livre de todo limite e de todas as linhas imaginárias,
Vou aonde me aprouver, sou meu senhor total e absoluto,
Escuto os outros, considero o que eles me dizem,
Paro, procuro, aceito, contemplo;
Com gentileza, mas com inegável vontade,
eu me liberto das amarras que querem me reter.
WALT WHITMAN

13 INTRODUÇÃO

21 **PARTE I.**
A RECUPERAÇÃO DO "EU": VOLTAR A PENSAR EM SI MESMO

26 **Exercícios e recomendações para empoderar-se de si mesmo**
26 Comece o contato com seu "eu": diminua o volume da solidão
28 Fale consigo mesmo em voz alta e escute
31 Confie em si mesmo: você é muito melhor e mais capaz do que lhe fizeram acreditar
37 Melhore sua autoaceitação: comece a calibrar seus "eus"
40 Mantenha um diário de experiências cotidianas significativas para enxergar a si mesmo de outra perspectiva
42 Diminua o ritmo para se observar melhor
44 Situe-se em sua história pessoal e ative sua memória autobiográfica: não dá para saber quem é se não souber de onde vem
48 Desenvolva seus talentos naturais, não negocie com sua realização pessoal
51 O ponto de controle interno: "Sobre mim, decido eu"
55 Ajude os outros sem se autodestruir: um caso para você refletir

61 **PARTE II.**
NÃO SE CURVE DIANTE DOS MODELOS DE AUTORIDADE QUE SE JULGAM MELHORES QUE VOCÊ: NÃO EXISTE GENTE "SUPERIOR" NEM GENTE "INFERIOR"

67 **Exercícios e recomendações para não permitir que as pessoas que se sentem melhores que você o subjuguem**
67 Aprenda a diferenciar um modelo de autoridade construtivo (democrático) de um destrutivo (autoritário)

70	Cultive a desobediência responsável quando for preciso
75	Gente insuportável 1: os que se julgam uma autoridade moral e querem lhe ensinar o "caminho"
77	Gente insuportável 2: os que se consideram "especialistas" em algum assunto e querem lhe ensinar
79	Gente insuportável 3: os que se sentem superiores aos outros porque têm dinheiro e insistem em manter distância
84	Tire o poder daquele que se acha; ele é um ser humano como você
88	Não traia a si mesmo
91	Ninguém pode afetar sua liberdade interior sem sua permissão
94	As consequências negativas da obediência cega
97	**PARTE III.** NÃO HÁ COMO VOCÊ SER COMO A MAIORIA: DEFENDA E REAFIRME A SUA SINGULARIDADE
102	**Exercícios e recomendações para assegurar e defender sua singularidade**
102	A arte de ser uma "ovelha negra"
105	Aprenda a desaparecer na multidão sem deixar de ser quem você é
108	Não se deixe arrastar pela pressão do grupo
111	Reverta os automatismos com atenção plena
114	Não se deixe seduzir pelas *curtidas*: abra espaço em sua vida para o "diferente"
119	Trabalho individual *versus* trabalho em grupo
121	Aprenda a discernir se você "pertence" aos grupos sociais ou se "participa" deles
127	Uma pausa para entender de que maneira a necessidade de aprovação o impede de ser quem você é

132 Dê um golpe de Estado na moda
138 A importância do pensamento crítico

145 **PARTE IV.**
NÃO PERMITA QUE MENTES RÍGIDAS E CONFORMISTAS O INTIMIDEM: ABRA-SE PARA O NOVO E REINVENTE-SE COMO ACHAR MELHOR

152 **Exercícios e recomendações para vencer a resistência à mudança: quatro antídotos que tirarão você da imobilidade**
152 "Por que é tão difícil mudar?" 1: a mente é teimosa e preguiçosa (economia cognitiva)
156 "Por que é tão difícil mudar?" 2: os medos pessoais
162 "Por que é tão difícil mudar?" 3: a zona de conforto
166 Primeiro antídoto: o valor do esforço
174 Segundo antídoto: assuma riscos de maneira responsável
181 Terceiro antídoto: explore, descubra, espante-se
189 Quarto antídoto: pratique o inconformismo

197 EPÍLOGO

203 REFERÊNCIAS

INTRODUÇÃO

Este é um livro que foi escrito com a intenção de ativar em você sua capacidade de oferecer resistência (rebelar-se) a tudo que afeta negativamente sua humanidade. E é surpreendente que muitos dos limitadores estão em sua mente e você os aceitou; foram postos ali com muito cuidado pela aprendizagem social, pelas agências e pelos agentes de socialização. Não me refiro a organizar uma insurreição política ou derrubar o Estado, e sim a uma "insubordinação psicológica" contra os preceitos e mandamentos que o impedem de ser você mesmo e, assim, poder desenvolver os aspectos mais importantes de sua personalidade. Limpar a mente de agentes contaminantes e eliminar a irracionalidade tamanha que o mantém preso a paradigmas mentais que todos os dias vão roubando sua energia e força vital. Merece sua objeção tudo que se opuser à sua essência e exigir que você assuma atitudes que não combinam com o conteúdo de sua consciência (claro, respeitando os outros e seus direitos). Uma resistência pacífica, mas que não deixa de ser resistência. Cada vez que você estabelece um precedente a favor de sua independência psicológica e emocional, reforça o autorrespeito de que precisa para ser um indivíduo.

Você tem essa coragem? Seria capaz de ser quem é, em pleno exercício de sua autenticidade, mesmo correndo o risco de não agradar aos outros? Ao tentar fazer isso, talvez você não tome a mesma direção da maioria e não siga algumas convenções socialmente aceitas. Você se diferenciará, querendo ou não, e suas particularidades ficarão evidentes: você estará com seus semelhantes sem ocultar nem camuflar nada e com a tranquilidade de ser genuíno.

Existe um elemento que dá coesão à sua maneira de agir, pensar e sentir, um elemento básico e quase instintivo que o define como sujeito e como ser humano. Eu me refiro à sua *individualidade*, a essa singularidade última que lhe pertence por direito e facilita que a autodeterminação psicológica o acompanhe em cada ação de sua vida. A dependência dos outros e a aceitação irrefletida de qualquer mandamento o escravizam. A emancipação e a autoafirmação de seu "eu" o dignificam. Quando cada célula de seu corpo aderir incondicionalmente à autonomia, o bem-estar logo chegará.

Essa individualidade é o conjunto de suas atitudes, esquemas, crenças, opiniões, motivos, desejos, pensamentos, sentimentos, sonhos, enfim, de tudo que molda em você *uma visão de mundo única e ímpar* – e em pleno crescimento, ou seja, flexível. Seu ser sempre evolui e se recria. Assumir essa singularidade implica assumir sua pessoa e transformá-la quantas vezes achar que deve. É você quem define a si mesmo. Não aceite passivamente os rótulos que lhe colocaram; arranque-os e não deixe que sua mente se apegue a eles.

Quando você entender, sem nenhuma dúvida, que você é o derradeiro juiz de sua própria conduta, sua autopercepção e a percepção que tem do que o cerca e do universo mudarão. Você poderá enxergar as coisas como são, sem interferências externas nem coerções. Você não precisará que ninguém o valide como ser humano, nem de mestres que o iluminem, pois, como dizia Buda, você mesmo carregará sua própria lâmpada: você vai saborear sua liberdade interior como nunca. Que tal tomar o poder de si mesmo e soltar esses obstáculos que roubam sua mobilidade psicológica e emocional? Que tal ser autêntico?

O que foi dito até aqui não significa que você deve se afastar da sociedade e sofrer da "síndrome do eremita", e sim estar nela de maneira tranquila e construtiva, sem submeter sua individualidade e sem que sua mente se deixe idiotizar por ninguém. Somos humanos porque vivemos com outros humanos, mas sem ter que renunciar à nossa essência pessoal. Por essa razão, *o amor-próprio não é incompatível com o amor pelos outros, a empatia e a compaixão.* Estar com outras pessoas sem se esquecer de si também não é uma forma de egoísmo, como os amantes da uniformidade tentam nos fazer acreditar. Você não precisa se despersonalizar para estar em contato com a cultura. Você é um centro de vivências personalizadas que se relaciona com outros "centros" que também vivenciam por si mesmos. Mas o interpessoal não deve anular o que é particular. Se perder seu ponto de referência interior e congelar seu "eu", você será um autômato, um robô com roupas da moda.

Não importa o que digam as convenções sociais e os modelos exemplares que querem corrigir seu comportamento a todo custo: *quando se trata de você, a última palavra é sua.* Assuma isso, mesmo que a ansiedade o faça tremer dos pés à cabeça. Que seu lema seja "Eu decido sobre mim" e ponto. Como Epiteto afirmava: "Eu sou eu, estou onde está minha escolha de vida".

Quando você começar a se empoderar de si mesmo, muita gente vai se incomodar. Indivíduos e grupos sociais não vão gostar nem um pouco que você pense por conta própria e reestruture sua mente como bem entender. Com toda certeza, vão se perguntar o que fazer com você. Vão dizer, preocupados: "Como controlá-lo agora, como fazer para que não 'saia dos trilhos' e contamine os demais?".

Você será uma espécie de anomalia, um desajustado, alguém que não se encaixa no padrão preconcebido. Uma ovelha que não segue instruções, que faz o pastor entrar em crise e soltar o cão para que a recoloque no rebanho. Mas danem-se os latidos; você será você, em plena autoafirmação e autodescoberta, mesmo que os outros não gostem.

Ouça bem, não é conversa mole. Existe um espaço vital, exclusivamente seu, uma fortaleza interior (todos nós a temos) na qual você pode ficar cara a cara com sua humanidade exatamente como é, com o que tem de bom e de ruim, nu e sem disfarces. E o mais importante é que você é o único que tem a chave para entrar nessa fortaleza. Toda vez que estiver ali, você crescerá um pouco mais, mesmo que seja bombardeado de fora.

Este livro foi escrito com a intenção de servir de guia para que você trabalhe ativamente no *desenvolvimento de sua livre personalidade*, sem se sentir intimidado e, uma vez mais, sem deixar de respeitar os direitos dos outros (pode fazer o que quiser, desde que não faça mal a você nem a ninguém). Trata-se de jogar fora toda informação lixo (*trash out*) que perturba seu sistema psíquico para poder desenvolver seu verdadeiro potencial. Se às vezes sentir certo desespero por não encontrar seu lugar nesta vida, não se preocupe, essa angústia não existirá mais: você descobrirá que seu lugar no mundo está em si mesmo. Não é preciso que ninguém pendure medalhas em seu pescoço nem que o encha de elogios; basta estar bem consigo mesmo. Preste atenção na seguinte frase de Nietzsche para entender melhor: "A pessoa que não queira pertencer à massa precisa apenas deixar de se mostrar acomodado consigo mesmo; seguir sua própria consciência que grita: 'Seja você mesmo!'".

Quem é você, então? Um ser dotado de razão, consciente de si mesmo, com identidade própria e capaz de criar sua própria existência. Da profundidade do seu ser chega uma mensagem que, às vezes, você não escuta, mas que é pura sabedoria: dentro do *possí-*

vel, não dependa psicologicamente de ninguém; baste a si mesmo. Atente-se a essa mensagem; você não tem que seguir a melodia que vem de fora. Se sua música interior é outra, dance sua própria dança, e, se não encontrar um par, dance sozinho.

Proponho que você se liberte de quatro áreas de doutrinamento sociocultural (amarras) que, segundo minha experiência como psicólogo clínico, são uma máquina de gerar pessoas inseguras e com medo de ser quem são – ou seja: fáceis de manipular, dependentes e confusas. Sua mente, a minha e a dos outros foram educadas para que não possamos pensar e agir por nós mesmos como poderíamos. Aprendemos a pedir permissão até para respirar, a buscar uma referência que nos valide. Mas tudo isso pode ser revertido, e a cada condicionamento que o detém e o limita é possível contrapor um "contracondicionamento". Essa é a lei da aprendizagem na psicologia cognitivo-comportamental: tudo que se aprende se pode desaprender, felizmente. Vejamos detalhadamente os obstáculos que dificultam que você encontre a si mesmo.

- *A primeira maneira de moldar e domar a mente* tem a ver com tudo aquilo que dificulta nosso autoconhecimento. Somos mais orientados ao que acontece no exterior do que ao que ocorre em nosso interior, algo que fomenta a ignorância de si mesmo. Não existe uma cultura da interiorização que o induza a estar consigo mesmo e promova o "cuidado de si". A primeira parte do livro, "A recuperação do 'eu': voltar a pensar em si mesmo", visa a dar essa guinada rumo à auto--observação e à oposição a toda tentativa de sequestrar seu "eu" e coisificá-lo.
- *A segunda maneira de moldar e domar a mente* é a que nos leva a aceitar uma obediência cega a certos modelos de autoridade e seus argumentos (morais, econômicos, educacionais, intelectuais, espirituais) e a se curvar diante deles

por serem pessoas "importantes". A instrução que nos passaram é: "Não se solte muito da influência desses modelos, eles sabem o que é bom para você". Mas saiba que admirar é uma coisa e venerar é outra. A boa admiração implica não em imitar, mas em dar sua própria versão; uma versão com sua marca pessoal. Veneração é subjugação. Inspirar-se é uma coisa, submeter-se é outra. Se algum desses personagens entrar em sua cabeça, você será escravo dele e precisará de sua aprovação para tudo. A segunda parte do livro, "Não se curve diante dos modelos de autoridade que se julgam melhores que você: não existe gente 'superior' nem gente 'inferior'", dá ênfase à conveniência de exercer uma desobediência responsável e se opor a qualquer tentativa de subjugar seu valor pessoal perante um modelo insalubre e limitante.

- *A terceira maneira de moldar e domar a mente* é inculcar a ideia de que fazemos parte de uma totalidade indiferenciada de pessoas (rebanho, massa, conglomerado, conjunto, tribo). Está tudo preparado para você enfiar sua personalidade no bolso, vestir o uniforme e se diluir na multidão. Muitas vezes, defender sua singularidade o transforma em uma ovelha que precisa ser retirada do rebanho. Quando o obrigam a ser totalmente homogêneo com os outros, você perde o fator humano que o caracteriza. A terceira parte do livro, "Não há como você ser como a maioria: defenda e reafirme sua singularidade", aponta a importância de não adquirir uma mentalidade de massa e de se opor a qualquer tentativa de menosprezar, desconhecer ou modificar sua identidade pessoal.

- *A quarta maneira de moldar e domar a mente* é a afirmação de que não se devem promover mudanças importantes na sociedade ou em sua vida porque é inútil ou perigoso, e se deve promover uma atitude temerosa diante de qualquer possível mudança. Pessoas conformistas são vistas como cidadãos modelo, e o repúdio ao novo é visto como o principal valor a defender. Se você cair nessa imobilidade, matará sua capacidade de assombro e surpresa, tornando-se uma máquina. Sua humanidade diminuirá e você se resignará a "sofrer com comodismo" aquilo que jamais deveria ter aceitado. A quarta parte do livro, "Não permita que mentes rígidas e conformistas o intimidem: abra-se para o novo e reinvente-se como achar melhor", propõe assumir uma atitude inconformista e se opor a qualquer forma de resistência à mudança.

Em cada uma das partes mencionadas e seus respectivos tópicos, você encontrará uma análise temática, reflexões sobre alguns pontos específicos ("Para pensar no assunto"), exercícios e casos que tentarão ajudá-lo a consolidar sua individualidade e a ser o que você é de verdade. Pode começar pela parte que quiser do livro, isso não afetará a assimilação do conteúdo.

O pensamento central que guia estas páginas se dá a partir de um condicionante básico: se não puder ser eu mesmo em pleno uso de minha liberdade interior e dirigir minha conduta, deixarei de existir como sujeito pensante. Não terei autodeterminação nenhuma, nem autogoverno; só haverá em mim o ânimo de um cordeiro sob os auspícios e os aplausos de outros cordeiros. Qual é a proposta, então? Uma mente *empoderada*, *irreverente*, *singularizada* e *inconformista*. Voe!

PARTE I

A RECUPERAÇÃO DO "EU": VOLTAR A PENSAR EM SI MESMO

> *Aquele que olha para fora, sonha;*
> *aquele que olha para dentro, desperta.*
>
> **CARL JUNG**

Tudo faz pensar que você se esqueceu de si, como essas pessoas que vê por aí grudadas no celular em uma fila, no ônibus ou em um restaurante. Elas estão imersas em qualquer coisa que lhes chega do aparelho, conectadas a ele e desconectadas do cérebro. Qual é a consequência do "esquecimento de si mesmo"? Deixar sua vida ao acaso, porque não há quem a faça funcionar de dentro para fora e de maneira voluntária: não há quem tome o leme para modular as ingerências externas.

O "eu" está debilitado, simplesmente porque não foi alimentado nem colocado para funcionar como deveria. Quando falo do "eu", não me refiro ao ego, e sim a essa estrutura cognitiva móvel e mutável que organiza a informação, além de classificar e priorizar as diversas demandas que chegam ao nosso cérebro.

Grande parte da cultura e do ensino social se encarregou de apontar que a "preocupação consigo mesmo" é perigosa, dado que poderia degenerar no pior dos narcisismos. Fica claro que o "cuidado de si" ou "cuidar de si mesmo" pode nos levar a um individualismo radical ou a um egoísmo selvagem. Durante séculos, nos disseram que o correto é a "renúncia de si mesmo". O lema que sempre nos acompanhou dizia que éramos pecadores de nascença, inerentemente indignos ou um erro do universo. O resultado desses mandamentos e outros similares conduz, inexoravelmente, à *desvalorização e à ignorância de si mesmo*. Para que me conhecer se sou um erro, se só encontrarei coisas negativas? Que autoestima posso estimular em mim se tenho que pedir desculpas por existir?

Na maioria das escolas e das famílias são ensinados valores como altruísmo, civilidade, solidariedade, respeito ao próximo, caridade e generosidade, entre outros; isso é bom, mas quem educa de maneira clara o valor do autoconhecimento e autorrespeito? Não deveria haver um percurso de matérias obrigatórias e inspiradas em Sócrates, chamadas, por exemplo, "Conheça a si mesmo I, II, III"? Fazer com que nossas crianças pensem mais em si mesmas de maneira adequada e consciente seria uma revolução (obviamente, sem descuidar do resto da humanidade e do planeta). Não é possível crescer e melhorar como pessoa sem se conhecer, mesmo que superficialmente.

Em nossa sociedade ocidental, a educação carece da ciência principal: a que propicia a autoconsciência e a evolução da mente. Nos currículos, pesam mais a matemática, a física, a química e a economia. Em muitos países, inclusive, a filosofia foi retirada do currículo porque a arte de saber pensar é considerada uma perda de tempo.

Uma das maneiras utilizadas pela cultura para moldar e domar sua mente é mantê-la bastante distraída e ocupada com coisas externas, de modo que sua auto-observação passe para o segundo plano. A mensagem que seu cérebro assimila é: "Você não é tão importante quanto aquilo que o cerca". Além disso, você não só é excluído porque supostamente "vale menos", é também convencido de que isso é moralmente correto; depois, ela lhe entrega o controle para que você mesmo se mantenha autoexcluído. É a armadilha perfeita: sem saber, você trabalha para aqueles que não têm interesse em que você pense por conta própria. Por isso, a proposta desta primeira parte é: *assuma o controle, não deixe que o afastem de seu ser, fortaleça seu "eu" para que ninguém ouse pensar por você.*

Quando falo de redirecionar o olhar do exterior para o interior, não me refiro só à meditação, que sem dúvida é muito útil, mas também a ativar uma série de elementos psicológicos e emocionais que o permitam recuperar psicologicamente seu "eu" e fazê-lo funcionar como achar melhor. Por exemplo, ativar aquelas estruturas mentais que estavam meio adormecidas, como autonomia, autovaloração, autoconfiança, autodireção, realização pessoal, autoeficácia, autoaceitação, autodeterminação e muitos outros "autos" que, em conjunto, configuram a percepção do que você é e a defesa ativa de sua individualidade. O que proponho é que você reposicione o periscópio e ponha em prática *um amor-próprio sem desculpas e um interesse saudável em si mesmo.*

Se realizar essa mudança na orientação do olhar para equilibrá-lo e quebrar o padrão que lhe impuseram de "é proibido cuidar demais de sua pessoa", acontecerá em você uma *conversão mental*, uma transformação que o acompanhará a vida toda. Você subverterá a ordem mental estabelecida pela aprendizagem social de uma maneira pacífica e individual. E não se submeterá a ela.

Treine a observação de si mesmo, procure em cada recanto de sua mente e em suas emoções, explore suas histórias, recorde eventos significativos, pergunte a si mesmo sobre suas metas, reative sonhos adormecidos ou sua melhor fantasia, e eu garanto que o simples fato de tentar será apaixonante.

Quais benefícios você conseguirá fazendo isso? Preste atenção, pois citarei somente alguns:

- Ser autônomo para tomar decisões.
- Confiar em si mesmo.
- Fortalecer a realização pessoal.

- Aprender a se rebelar quando algo afetar sua dignidade ou seus princípios.
- Assumir o controle da sua vida e ser dono de si mesmo.
- Reforçar a autoaceitação.
- Ser capaz de entender e enfrentar seus medos e tristezas.
- Compreender que não deve necessariamente renunciar a quem você é para ser solidário ("Eu cuido de você e de mim mesmo", "Eu o ajudo e me ajudo", "Eu te amo e me amo").
- Reafirmar o autorrespeito.
- Obter mais bem-estar.
- Curtir a solidão de maneira saudável.

E a lista continua. Tudo leva a um fator determinante: o desenvolvimento de seu potencial humano, cujo significado é *chegar a ser tudo aquilo que você é capaz de ser.* Que um pensamento fundamental dirija suas ações: "Eu me declaro investigador de minha própria existência". Mergulhe dentro de si para não ser manipulado de fora.

EXERCÍCIOS E RECOMENDAÇÕES PARA EMPODERAR-SE DE SI MESMO

Comece o contato com seu "eu": diminua o volume da solidão

Praticar o silêncio é vivê-lo e se perder nele. Uma solidão atordoada pelo ruído e por atividades variadas está contaminada de companhia. Treine estar a sós com sua pessoa para que veja a diferença. Brinque de ser "cego, surdo e mudo" por alguns minutos. Coloque uma venda sobre os olhos, tampões nos ouvidos e feche a boca. Tome consciência do isolamento do exterior que você tem agora. Algumas pessoas não aguentam nem alguns segundos, porque se assustam ou começam a sentir que estão perdendo o controle. Se esse é o seu caso, cubra só os olhos.

Quando seus sentidos não estão presentes, sua mente fica desconcertada. Ela está acostumada a viver ocupada com outras coisas, distraída e tagarela. Ela não gosta de olhar para si mesma, isso a confronta e lhe provoca medo. Por isso, alguns preferem permanecer ignorantes de si mesmos: dói menos, mas nos deixa mais confusos.

EXERCÍCIO: COMEÇAR O CONTATO

Depois de bloquear seus sentidos, ande pelo seu quarto, passe os dedos pelas coisas, sinta a textura e imagine as formas que habitam seu entorno imediato, mas que você nem percebia. Tente não dar nome a nada, apenas toque e deixe que seus sentidos explorem. Abra a janela, respire o ar, concentre-se nele. Nunca respiramos de maneira consciente, a não ser quando meditamos ou estamos de férias. Tente fazer seu corpo assumir a respiração em estado puro, das fossas nasais até os pulmões. Não veja, não ouça, não fale, apenas inspire e expire. Talvez você não saiba, mas seu "eu" gosta muito quando você faz isso; ele se descobre vivo, acompanhado por você. Agora você é uno, em plena manifestação de sua existência. Não é magia, é o espaço vital por onde seu ser transita à vontade. Nada o incomoda, nada o inquieta. É o seu trabalho. Ande de novo, conheça mais lugares.

Agora fareje, como se fosse um cão policial. Qual é o cheiro de seu habitat? Das suas roupas? Da sua cama? Dispa-se, passe as mãos pelo seu corpo e cheire-se sem pudor. Não importa o cheiro, ele pertence a você. É a transpiração de sua vida. Não julgue, apenas sinta-se, conheça-se.

Volte à janela e tire os tampões, comece a reconhecer os sons. Os distantes e os próximos. Deixe-se levar por eles, identifique-os. Alguns minutos bastam. Tenha em mente o que afirmava o místico islâmico Rumi: "Quando afinamos o ouvido, ele se transforma em um olho". Sinta até o último burburinho. Vá até um espelho, retire a venda e olhe-se. Observe apenas os olhos. São os seus. Nesse momento, é como se o universo enxergasse a si mesmo. Toque seu rosto com cuidado, devagar, não deixe nada sem tocar. Pense: "Este sou eu". Não importa se você gosta ou não do que vê. Você é você, é o que tem, é o que vale, é o que respira.

Agora, sente-se em um lugar confortável e use qualquer meditação que conheça. Quando terminar, repita como um mantra "eu sou", várias vezes. A seguir, leia algo agradável. Apenas descanse. Esse lugar que agora habita é personalizado, só cabe um. E, assim, a solidão e você terão começado a fazer as pazes.

Deixo aqui um diálogo que li em algum lugar, para que você reflita sobre ele:

— *Em que idioma fala a divindade?*

— *Aqui na Terra? Com certeza em sânscrito! Tem alguma dúvida disso?*

— *Sim. Eu acho que o verdadeiro idioma do universo e do transcendente é o silêncio.*

O outro fechou seu livro e foi embora, furioso.

Fale consigo mesmo em voz alta e escute

O pensamento, em última instância, é a linguagem interior, que se dobra sobre si mesma. Fala-se muito sobre manter um diálogo interior, e ninguém duvida da importância disso. Mas o que eu proponho aqui é exteriorizar o debate interior e torná-lo audível: falar consigo mesmo em voz alta, assim como faz quando está com fone de ouvido e fala com alguém ao celular. Aqui, o celular e o fone de ouvido estão incorporados a você, e "a outra pessoa" é você mesmo. Como isso é óbvio, não faça o tempo todo e a qualquer momento, mas de tempos em tempos, quando achar necessário, quando for espontâneo.

Não estou falando de esquizofrenia, e sim do papo entre as crenças, entre os elementos de uma contradição. Se tiver uma dúvida e quiser expor o problema, ponha-o para fora.

EXERCÍCIO: O DEBATE DAS DUAS CADEIRAS

Às vezes, para deixar o debate mais objetivo, podemos usar duas cadeiras. Por exemplo, você tem que tomar uma decisão e está empacado; parece que o conflito imobilizou sua capacidade de resolver problemas. Suponhamos que a dúvida seja entre uma posição mais emotiva e uma mais racional: "Amo tal pessoa, mas sei que ela não é boa para mim"; "Recebi uma oferta de emprego, o salário é bom, mas minha vocação é outra"; ou "O que meu amigo me disse me magoou, não sei se devo ser sincero e dizer isso a ele". Em uma cadeira, coloque um papel dizendo "Argumentos emocionais" (por exemplo, "amor", "vocação", "amizade"), e, na outra, "Argumentos racionais" (por exemplo, "não é boa para mim", "o salário é bom", "sinceridade acima de tudo"). Em uma cadeira está a emoção e, na outra, a razão. Durante o exercício, você deve se sentar em uma cadeira ou na outra, conforme a natureza do argumento: mais emocional ou mais racional. Comece a discussão consigo mesmo; quando seu ponto de vista for emotivo ou sentimental, dirija-se à cadeira dos "argumentos emocionais",

> e, quando for racional, passe para a outra. Você ficará indo de uma a outra, e em cada caso adotará a posição correspondente. O jogo de defender os dois lados, acompanhado do movimento físico, deixará o dilema mais visível e ajudará você a esclarecer os elementos que integram o conflito. Em mais de uma ocasião, surge a melhor solução possível ou aparecem as lacunas na informação, que é preciso preencher.

Essas conversas também podem ser sobre coisas mais amenas. Por exemplo, ao se levantar de manhã, diga em voz alta para si mesmo: "Olá, bom dia"; antes de sair de casa, deseje-se boa sorte: "Pretendo ter um bom dia, portanto não pise na bola". Ou converse enquanto dirige.

Algumas pessoas vão colocando em palavras o que estão fazendo, como se a narração dirigisse a ação: "Vou fazer um café... peguei a xícara, a cafeteira, estou pondo a água, levando ao fogo...". Você pode fazer o que quiser, mas não deixe de falar, externalizar seu pensamento e amplificá-lo (recomendo que não faça isso em público se não estiver com um celular para disfarçar, porque acabará em um pronto-socorro psiquiátrico).

Fale, converse consigo mesmo. Brinque e divirta-se. Ponha para fora os elementos do pensamento e observe-os. Isso o manterá conectado à sua mente. É mais difícil enganar a si mesmo quando grande parte do que você pensa se torna consciente e é posto na mesa. Às vezes, ao se escutar em uma gravação, você percebe como foi inadequado ou vê o absurdo de um dado argumento, ou a genialidade que você achava não ter.

Esses ensaios farão com que você tome plena consciência de que sua mente fala em voz baixa, ou melhor, *fala com você*. Você perceberá que seu mundo interior tem algo a dizer e que vale a pena ouvi-lo.

Uma contraindicação: se você fala em voz alta consigo mesmo porque não suporta ou teme o silêncio, isso é trapaça. Se a ausência de som o angustia a ponto de precisar ouvir algo para se acalmar, nem que seja um murmúrio, talvez você devesse procurar ajuda profissional para ver o que está acontecendo.

> PARA PENSAR NO ASSUNTO
>
> Contam que Pirro, criador do ceticismo, continuava falando mesmo quando seu público não estava mais ali, na praça pública. Em certa ocasião em que o viram falando sozinho, perguntaram-lhe por que fazia aquilo. E ele respondeu: "Eu exercito minha virtuosidade". Se lhe interessar seguir o exemplo de Pirro, quando estiver conversando com alguém e a pessoa o deixar falando sozinho, como acontece algumas vezes, não pare, continue falando; não engula suas palavras. Converse com o ar, com uma parede, olhando para o céu ou para o chão e, claro, com quem nunca o decepcionará, aquele que sempre o ouve mesmo de ouvidos tampados: você mesmo.

Confie em si mesmo: você é muito melhor e mais capaz do que lhe fizeram acreditar

Confiar em si mesmo implica se perceber como uma pessoa competente, acreditar que você é capaz de alcançar as metas a que se propõe e dedicar-se a elas dignamente e com alegria. Tomar decisões confiando em si mesmo é pôr em funcionamento a autoeficácia: a convicção profunda de que você é capaz, de que não é *desajeitado* nem *inepto*. Mande estas duas últimas palavras à merda. Tire-as de seu vocabulário, não as use nunca mais.

As pessoas que confiam em si mesmas enxergam os problemas como desafios construtivos, não fogem diante do primeiro obstáculo e seus pensamentos são do tipo "Eu sou capaz", "Cada situação adversa me faz mais forte", "As dificuldades são oportunidades para aprender", "Vou me dedicar de coração à tarefa e darei o meu melhor", "Tentarei cumprir meu propósito até o fim das minhas forças". Seus sentimentos são de certeza e coragem. Evitar uma atividade por se julgar incompetente, sem nem sequer ter tentado, é confirmar irracionalmente a ideia de invalidez, como uma espécie de profecia autorrealizada, porque depois de não fazer nada, você dirá: "Ainda bem que não fiz, porque teria fracassado". É um fatalismo que se retroalimenta.

PARA PENSAR NO ASSUNTO

Como você sabe que não é capaz? Por que acha isso? Tem certeza? Há três possibilidades para que se produza uma autoeficácia pobre: a) ter um histórico de erros ou frustrações que configuraram em você um esquema de desvalorização; b) ter um nível de autoexigência alto demais, que o leva a estabelecer metas inalcançáveis; e c) ter tido educadores que lhe inseriram o germe da insegurança, por terem sido muito superprotetores: "Nem tente, isso não é para você". Seja como for, se esses fatores entraram em seu cérebro, você mesmo vai disparar o alarme de emergência. A maioria das pessoas que tem pouca autoconfiança, quando decide enfrentar o que teme e não aceitar a lavagem cerebral a que foi submetida, consegue superá-la.

Lembre-se: só os estúpidos pensam que nunca cometerão erros (e isso os torna especialmente perigosos). Um erro não é um fracasso: no primeiro, perde-se uma batalha; no segundo, a guerra. Tive uma paciente que me disse: "Fracassei no amor. Eu me separei três vezes; talvez casamento não seja para mim". E eu respondi: "Você errou na maneira de lidar com o relacionamento ou ao escolher com quem se relacionar, mas não 'fracassou', porque o amor engloba muito mais coisas e você pode tentar de novo". E lhe contei o caso do gato que se sentou em cima do fogão aceso e queimou o rabo, e, depois, nunca mais se sentou em lugar nenhum. Quando generalizamos o erro, revela-se o absurdo.

Rebele-se contra a ideia da inutilidade. Isso mesmo, rebele-se. Não a aceite, tire-a de sua cabeça como se fosse um vírus. Se você quer dirigir sua conduta de verdade não só tem que contar com sua própria confiança, como também com sua aprovação e aceitação incondicional. Você deixaria de amar um filho porque ele não tira notas boas, não se destaca em nenhum esporte ou não é "bem-sucedido"? E o que é ser bem-sucedido? Ter fama, ser milionário, subir na hierarquia social, mandar nos outros ou ter muitos bens materiais? Para mim, o sucesso é curtir o que se faz e ter paz interior na maior parte do tempo. Ou seja: o verdadeiro triunfo está dentro de nós. *Quando isso ocorre, a alegria se mimetiza com seu ser porque suas conquistas estão mais no que faz do que no que obtém.*

Há um vídeo que viralizou que mostra, em parte, o que quero explicar. Assista e guarde a mensagem que ele passa: *quando você se sente bem com quem você é e se desprende das recompensas que a cultura lhe outorga, você precisa de poucas coisas para estar de bem com a vida.* Veja o vídeo – "Sem Palavras, Este Vídeo Tocou o Meu Coração" – e observe o que ele lhe provoca.[1] Posso lhe afirmar, com toda a segurança, que conheci gente assim – com menos parafernália cinematográfica, claro, e sem música de fundo.

---
1 SANTOS, LuisFilipe. Sem Palavras, Este Vídeo Tocou o Meu Coração. YouTube, 8 ago. 2017. Disponível em: https://www.youtube.com/watch?v=oAxNNTUA834. Acesso em: 17 jan. 2024.

É curioso ver como a ansiedade de ganhar muitas vezes se volta contra nós e nos traz o fracasso, além de de nos fazer perder a confiança em nós mesmos. Por exemplo: quanto mais você anseia passar em uma prova, quanto mais pensa que sua vida depende disso, menos probabilidades tem de conseguir. Relaxar demais também não ajuda. A solução é: "Quero passar nessa bendita prova; farei minha parte, mas isso não é a coisa mais importante da minha vida. Sou mais que uma nota ou um resultado". Isso diminuirá sua ansiedade e suas habilidades cognitivas funcionarão melhor.

QUATRO RECOMENDAÇÕES QUE PERMITIRÃO A VOCÊ AUMENTAR SUA AUTOCONFIANÇA

1. Todos os dias, ao se levantar, não diga "mais um dia para suportar", e sim "mais um dia para eu me superar". "Se a realidade é dura, reforçarei meu 'eu' para que fique mais resistente, correrei riscos para superar as limitações que impus a mim mesmo". Desobedeça à aprendizagem a que foi submetido. Você não é um inútil – foi convencido disso, esse germe foi plantado em sua mente e você o assumiu como seu. Crie outra história a partir de agora, outro relato. Não acredite em quem o aponta como incompetente. Não lhe dê ouvidos e assuma o comando. E a partir de então, pesará em você mais sua autoavaliação que a avaliação externa. Você tem que dizer: "Ninguém sabe mais de mim que eu mesmo", e quem não gostar, que não olhe nem se meta. E, se não acreditarem em você, afaste-se deles! Fique com esta máxima de Erich Fromm: "Não pode haver liberdade sem que exista a liberdade de fracassar".
2. Revise suas metas. Colocaram um rótulo em você, ou foi você mesmo quem se rotulou? Talvez tenha reforçado a ideia de que não é competente tratando mal a si mesmo ou

sendo duro com sua pessoa. É uma possibilidade. Se assim for, diminua a autoexigência e deixe de se avaliar com critérios severos e rígidos. A ambição desmedida costuma afetar negativamente a autoeficácia das pessoas porque os objetivos delas se tornam inalcançáveis. Mas o contrário também não serve: se seus propósitos forem pobres demais, você nunca saberá do que é capaz. A solução é: *objetivos sensatos e aspirações inteligentes que exijam de você, mas sem o destruir.* Não se resigne à sua insegurança. Obrigue-se razoavelmente, todos os dias um pouco mais, até que desenvolva o músculo da confiança. E, então, arranque de sua mente esse cartaz de "incapaz", rasgue-o, queime-o, despedace-o. Veja esta frase de Albert Camus e aproprie-se dela, especialmente em momentos em que parece que suas forças acabaram; leve-a no coração: "Nas profundezas do inverno, aprendi que dentro de mim há um verão invencível".
3. Elimine de uma vez por todas os pensamentos negativos automáticos sobre suas capacidades: "Não sou apto", "Não sou hábil", "Não estou capacitado". Não os deixe acessar seu mundo interior. Elimine-os para que você possa dizer: "Não fugirei, enfrentarei o vendaval". A verdadeira decepção consigo mesmo não surge por não alcançar seus objetivos, e sim *por não tentar com seriedade e comprometimento.*
4. Não insista em recordar o que é ruim: a memória pode ser muito cruel se for alimentada somente com as vezes em que as coisas não correram bem. Esse viés negativo da memória só faz confirmar as falsas razões que sustentam sua ideia de inutilidade. É melhor uma memória objetiva, que veja o bom e o ruim: o bom para você se congratular e curtir; o ruim para mudar, em vez de lamentar e chorar sobre o leite derramado.

UM PENSAMENTO CONSTRUTIVO QUE LEVANTARÁ SEU ÂNIMO QUANDO VOCÊ NÃO CONSEGUIR ALCANÇAR UM OBJETIVO

Você é um processo em plena atividade, assim como a vida. Portanto, não veja sua conduta como um fato que não pode mudar, estático, sem história nem futuro. Estamos em aprendizagem contínua; essa é a impermanência dos budistas e a transitoriedade de tudo, inclusive dos seus erros. Quando não conseguir realizar algo, dê a si mesmo a oportunidade de pôr as coisas em perspectiva.

EXERCÍCIO: AINDA NÃO

Leia-o pela manhã e à noite. Intercale-o com uma respiração profunda para que assimile as palavras com mais intensidade. Como assumir a responsabilidade de si mesmo se não acredita em você? Nas profundezas de seu ser há um guerreiro consumado disposto a enfrentar qualquer batalha, a superar quaisquer reveses, a continuar vivendo com dignidade. Por que não o deixa emergir? Não espere que as oportunidades apareçam para se testar; fabrique-as! Crie seu entorno, desafie a adversidade.

Para dirigir sua vida, você precisa da convicção profunda de que, diante de um problema, fará o melhor que puder. E para isso, precisa apenas de vontade; vontade de agir e se rebelar contra a ideia de incapacidade que está instalada em você. Digo mais uma vez: *desobedeça àqueles que lhe ensinaram a duvidar de si mesmo*; contrarie-os e ame-se incondicionalmente. É difícil? Óbvio! Tudo que vale a pena na vida é difícil. Não existe anestesia para isso.

Mas preste atenção: quando não der certo uma atividade qualquer, em vez de dizer "Não consegui", como se fosse algo definitivo ou consumado, utilize o seguinte pensamento construtivo: *"Ainda não"*. Aplique-o em todas as vezes que puder. Pense: "Por enquanto, não foi possível". Isso mesmo, só "por enquanto". A impossibilidade nem sempre é definitiva. A premissa é a seguinte: "Estou em um processo de aprendizagem, ainda não acabou". Ainda restam muitas batalhas para travar. Já testemunhei isso centenas de vezes no meu consultório. Existem pessoas que em uma única ação, em um único momento de coragem, descobrem que não eram o que pensavam e, então, conquistam sua própria existência.

Melhore sua autoaceitação: comece a calibrar seus "eus"

Dentro de sua mente há uma luta permanente: o *"eu real"* (o que você é) *versus* o *"eu ideal"* (o que gostaria de ser). Quanto maior a discrepância entre seu "eu real" e o "eu ideal", mais insegurança e vulnerabilidade ao controle externo e à obediência irracional haverá. Se eu me sinto como uma ameba, pequeno e insignificante, obedecerei aos seres "mais desenvolvidos". Obviamente, o "eu ideal" é assimilado e regido pelo princípio dos três "mais": "Quanto *mais* tem ou *mais* consegue, *mais* vale".

Qual é o segredo para mudar isso? Diminuir a diferença entre os "eus": *fortalecer o "eu real" e situar o "eu ideal" na realidade, para que não viva nas nuvens*. Se não fizer isso, você viverá frustrado. Por exemplo: aspirar a ganhar o Prêmio Nobel de Literatura aos 60 anos sem nunca ter publicado nada é pecar por um otimismo irracional. Melhor seria calibrar o "eu ideal" e ter como meta escrever o melhor possível, publicar algumas obras e/ou ganhar algum prêmio. Seja como for, o "eu ideal" pode ajudá-lo a lutar por seus sonhos, mas com os pés na terra. Já vi centenas de pessoas com essa defasagem que se recusam a reajustar seus objetivos alegando que "tudo é possível quando queremos de verdade". Não é verdade: "expectativa" não é a mesma coisa que "ilusão", como explicou Freud: *a primeira* é a mente que voa e aterrissa; a segunda é a mente que voa e se espatifa no chão. Tente alcançar o que deseja, mas com uma grande dose de realismo; assim, se acaso cair, vai doer menos.

Alguns autores também propõem uma segunda luta entre o "eu real" e o "eu obrigatório", que é a diferença que se estabelece entre o que somos e o que se espera que sejamos segundo as normas ou regras que interiorizamos em virtude do consenso social, mesmo que muitas vezes sejam absurdas ou injustas. Quando há uma discrepância significativa entre esses dois "eus", há culpa e a permanente sensação de ser uma pessoa inadequada; algo como uma ovelha que se afastou do rebanho e se aproxima perigosamente do abismo da indecência e da incorreção social.

O "eu obrigatório" é uma espécie de "superego", um tirano cognitivo que nos vigia para que não fujamos do politicamente correto. Essa ultravigilância, exercida "por si mesmo sobre si mesmo", é inculcada na infância pelos pais, por volta dos três ou quatro anos. Subtraia três ou quatro anos da idade que você tem e veja há quanto tempo vive submisso ao "eu obrigatório". Nas outras partes deste livro, você verá como regular o "eu obrigatório" e não se deixar esmagar por ele.

PARA PENSAR NO ASSUNTO

Somos constantemente alertados a não cair em uma autoaceitação enviesada, a não exaltar nossas virtudes ignorando nossos defeitos. Isso é correto porque, sem esse cuidado, alimentaríamos um esquema de grandiosidade. Contudo, o oposto também é contraproducente: enaltecer o ruim e negar o positivo nos levará a mergulhar de cabeça na depressão. Mas não se fala muito disso; sempre nos disseram que o orgulho não só é ruim, como também é pecado. É a filosofia espartana que predomina em alguns grupos sociais. Em minha opinião, quando alguém fere ou maltrata sua autoestima e o faz se sentir inferior, utilizar um viés positivo a seu favor – ou seja, exagerar um pouco em sua autovaloração – poderia ser um paliativo importante. Em situações em que pretendam afundar seu "eu", tome partido por si mesmo de maneira categórica. Aceite-se sem melindres. Tente selecionar informação positiva de si mesmo, mantenha-a à mão e use-a. Será um trabalho seu, íntimo e privado. Não se sinta mal se, de vez em quando, especialmente quando for atacado por todos os lados, cometer o "maravilhoso pecado" de tomar um banho de autossuficiência. Eu utilizo essa palavra no sentido da sabedoria grega, cujo significado é "autogoverno" e "viver sem senhores, bastar-se e mandar em si mesmo". Se não mantiver ativos em sua mente seus atributos positivos, você os esquecerá; o costume fará com que os relegue a segundo plano. Uma coisa é a modéstia, e outra é a falsa modéstia. O sábio é humilde, mas não porque ignora suas virtudes: ele sabe quais são e não as esquece; só não precisa alardeá-las. Em outras palavras, o que faz uma pessoa ser arrogante não é reconhecer suas qualidades, e sim ficar se achando por causa delas.

Uma autovaloração saudável também requer dois enfoques indispensáveis para que você continue se considerando humano. O primeiro provém do budismo e se refere à *autocompaixão*, que não é "dó de si mesmo", e sim "cuidado de si mesmo", tratar-se bem e com respeito. Assim como sentimos compaixão (compartilhar uma dor) e empatia (colocar-se no lugar do outro cognitiva e afetivamente) por nossos semelhantes, também podemos professá-las por nós mesmos. O segundo enfoque provém do humanismo e da psicologia positiva, e o definimos como *autoperdão*. E aqui não é preciso explicar muito: por que deveríamos perdoar aos outros, e não a nós mesmos?

Mantenha um diário de experiências cotidianas significativas para enxergar a si mesmo de outra perspectiva

Escrever sobre sua vida é uma bela maneira de se aproximar de seu "eu" e mantê-lo vigente. Sem censura nem autocensura, uma obra para um único leitor.

Registre em um caderno momentos, emoções, sonhos, acontecimentos, dor, alegria e qualquer coisa que lhe seja significativa, ou, em outras palavras: a existência que você transita e experimenta. Como eu disse antes, vivemos de modo muito mecânico. Um diário é uma maneira de tomar consciência do dia a dia; ele nos obriga a recordar como reagimos diante de determinadas situações, o que fizemos, o que pensamos e o que sentimos. Também nos leva a recapitular, a voltar sobre nós mesmos e nos revisar. E, em cada leitura, descobrimos algo maravilhoso: escrevemos para nós mesmos.

Além de registrar ali, de maneira geral, aquilo que nos interessa, existe uma maneira mais técnica (psicológica) de fazer um diário: encadear fatos, pensamentos e emoções e tirar conclusões. Esse registro costuma ser feito quando alguma situação nos impacta e queremos ir mais a fundo nela.

Coisas boas e ruins acontecem com todo mundo, e embora as recordemos, não somos capazes de sistematizar a informação. Por isso, essa maneira de registrar lhe dará muitos elementos para se conhecer mais.

EXERCÍCIO: ENCADEAR CONDUTA, PENSAMENTO E EMOÇÃO

Quando ocorrer um fato que você ache que vale a pena analisar por ser importante, anote em um papel a situação desencadeante, o que você fez, o que pensou, o que sentiu e o que aconteceu depois. Por exemplo, imagine que uma pessoa anote o seguinte:

O que aconteceu antes? *Uma amiga me disse para eu não pintar os olhos assim porque fico parecendo uma puta.*

O que eu pensei? *Sou uma imbecil. Por que deixo que ela me diga uma coisa dessas? Cada dia que passa me sinto mais feia.*

O que senti? *Ansiedade, vergonha, muita raiva contida.*

Qual foi minha conduta? *Fiquei sem ação. Depois, eu disse: "Acha mesmo?".*

O que aconteceu depois? *Mudei de assunto e continuamos como se nada tivesse acontecido.*

Se você encadear vários eventos similares, certamente encontrará algumas regularidades e tirará resultados significativos de seu modo de agir. No caso citado, se aquilo se repetisse várias vezes, ela poderia descobrir ou reafirmar que depende muito da opinião dos outros, que tem problemas com sua autoimagem, que tem medo de enfrentar a situação e, por isso, evita o conflito. Repito: diante de incidentes que você considere importantes ou críticos, registre

> a maneira como os elos da corrente se engancham: evento disparador, pensamento, emoção e conduta. Será como olhar para si mesmo com uma lupa inteligente.

Traduza sua vida para uma narrativa escrita na qual afirme seu "eu". Abra os olhos e observe como você age na realidade. Revise, critique a si mesmo positivamente, analise suas ações, explore-se por dentro e por fora. Não ande feito uma barata tonta pelo mundo. Assuma a responsabilidade por si mesmo, comece a frequentar sua intimidade.

Diminua o ritmo para se observar melhor

Tente diminuir a rotação de seus movimentos. Defina um dia no qual não tenha que correr contra o relógio e deixe que a parcimônia se aproprie de seus comportamentos: sinta-se pesado, lento. Diminua a velocidade de seu software mental e concentre-se nas emoções e no estímulo.

Diminua o ritmo quando for tomar banho; observe o trajeto de cada gota de água, sinta-as cair sobre sua pele, deguste-as como se estivesse comendo sua sobremesa preferida.

No sexo, faça a mesma coisa. Observe cada poro da pessoa com quem está e deixe que ela o explore por inteiro. Que a excitação não interrompa as carícias, que Eros caminhe no seu ritmo, e nunca o contrário (ele sempre quer mandar). Não deixe o prazer terminar tão rápido, fique ali um pouco mais e tome consciência dele. Que em cada beijo você possa perceber o tempo se dilatar. Que cada papila sua deguste o ser amado. Insisto: como uma sobremesa.

Quando comer, não engula correndo. Deguste de verdade, como uma socialite sem ocupação. Mantenha os alimentos na boca, mastigue-os com suavidade, sinta como se desmancham e como seu organismo os recebe. Que o vinho ou a bebida que tomar não

passem direto como se estivessem enchendo uma vasilha; aprecie-
-os como um sommelier amador, mesmo que não entenda abso-
lutamente nada de bebidas. Assim, você estará atento, devagar, a
cada bocado, a cada gole.

Que a música não seja um "ruído" de fundo. Navegue em cada
nota, absorva-a, que retumbe em seu corpo e em seu coração como
se fosse um tambor vivo. E, quando acabar, que você possa dizer:
"Eu a fiz minha, ela me transpassou, rolou comigo e me encantou".

Junte um agradecimento a tudo que fizer em câmera lenta.
Agradecimento a quê? A ser capaz de assimilar cada exaltação,
de apropriar-se delas até se encher. A lentidão aumenta sua vivência interna porque aumenta a auto-observação. A cada apro-
ximação, você volta e descobre coisas novas. Sua mente se ativa
e se assombra. Aprenda a "matar" o tempo; que ele se desmanche
diante de seus olhos e que você morra de tédio, atrevidamente, até
ser criativo.

EXERCÍCIO: DESENHAR A LENTIDÃO

Vá caminhar em qualquer lugar. Faça um passeio sem pressa.
Fique observando cada coisa que lhe interesse. Perca tempo, desperdice-o. Deixe o celular em casa e não leve relógio.
Você não saberá que horas são nem a que horas vai voltar.
Caminhe devagar; não se misture à agitação desenfreada
dos que correm para todo lado e não têm tempo para apre-
ciar a paisagem. Se estiver em uma fila, fique, não importa, dá
no mesmo. Quantas vezes você brigou por um lugar ou recla-
mou da atenção parcimoniosa de algum atendente! Desta
vez, quem ganha é você: NÃO IMPORTA. Se entrou em uma
loja para ver as coisas, se for experimentar um par de sapatos ou estiver chovendo, que seus movimentos sejam seus.

Não deixe que a rapidez pela rapidez, que está instalada em seu cérebro como um valor, mande em você. Nesse dia, não faz mal chegar atrasado, porque você não vai a lugar nenhum. Se perder um ônibus, outro virá. Deixe-se levar pelo "dá no mesmo". Você descobrirá que sua tranquilidade incomoda os outros, que vão olhá-lo de soslaio. Talvez não precisem andar tão depressa, já que apenas se acostumaram ao "corre, corre". Por quê? "Por via das dúvidas", porque a vida é curta, porque o tempo é pouco e se veem obrigados a comprar minutos. Pense só que maravilha: em um mundo hiperativo, no qual a urgência se impõe por todos os lados, você, descaradamente, tira o pé do acelerador. Essa diferença lhe fará cócegas. Você é dono de sua velocidade. Assim como quem pinta um quadro, desenhe sua lentidão conforme for andando. Nessa tranquilidade, você estará mais perto de si mesmo. Terá a oportunidade de contemplar seu "eu" em movimento.

Situe-se em sua história pessoal e ative sua memória autobiográfica: não dá para saber quem é se não souber de onde vem

O "eu" é uma construção móvel, mutável e em plena transformação, e que responde a uma série de fatos e experiências anteriores: *as relações que você estabelece com sua pessoa, com os outros e com o mundo*. Conhecer a si mesmo não é só saber o que sente e pensa no agora; é também reconhecer a maneira particular como foi aprendendo a ser humano. Ou seja: como cresceu.

Todos temos uma memória autobiográfica, a lembrança do que foi nossa vida, a de nossos familiares e pessoas próximas (pelo menos, seria o esperado). Nela ficam armazenados fatos, experiências e emoções dos quais nem sempre temos consciência. O importante é definir essa biografia, tê-la clara e presente – ou seja, *situar-se na própria história*. Isso implica duas coisas, no mínimo: conhecer tudo que for possível sobre aqueles que o antecederam e rememorar as etapas mais significativas pelas quais passou desde que nasceu, mesmo que só de vez em quando. O resultado será o aumento de seu autoconhecimento. Veja alguns exemplos de perguntas e ações importantes:

- Quem eram seus avós? (Qual era a visão de mundo deles, com que trabalhavam, como se relacionavam, quais foram seus sonhos, suas virtudes, seus defeitos e suas frustrações, se eram bons pais, se estudaram, como se conheceram.)
- O que você sabe sobre seus bisavós? Conhece sua árvore genealógica?
- Álbuns de fotos seriam, sem dúvida, um bom começo. Neles estão retratados os momentos e quem participou deles, gente que você não identifica e gente que reconhece. Talvez encontre fotos antigas.
- Outra maneira é conversar com os mais velhos, ver do que se lembram e recuperar as histórias antigas da família, relatos orais transmitidos entre gerações que sempre, assim como os mitos, têm algo de verdade. Investigue, remexa, seja xereta, como faria um arqueólogo.
- Quem é seu pai? Quem é sua mãe? (Faça as mesmas perguntas que eu sugeri para os avós.) Você os conhece a fundo ou ao menos já tentou se pôr no lugar deles, entender seus problemas, conhecer sua intimidade? Sabe o que os faz felizes e o que os faz sofrer?
- Com relação a você, recorde sua infância, desde a sua memória mais antiga. Veja como cresceu, os vínculos que estabeleceu com amigos e familiares. Quanto sofreu? Guarda rancores? Tem orgulho de seu sobrenome? Sente-se pertencente à sua linhagem? Pense em sua infância,

na adolescência, na época de escola, procure fotos de seus colegas e professores. Como foi o ensino fundamental? Como foi o ensino médio? E a faculdade? Seu primeiro emprego? Você se lembra de seu primeiro amor? E dos amores posteriores, possíveis e impossíveis? Procure reviver sua primeira experiência sexual, tente reconstruí-la, observe-a com a experiência que tem agora.
- Evoque os casamentos, aniversários, velórios e nascimentos a que compareceu. Dor, alegria, indiferença.

Recapitule e anote todos os momentos significativos que ficaram gravados em sua memória. Organize-os, entre neles e vivencie-os. Se quiser estar no aqui e agora, faça isso, mas não esqueça que você é produto de um processo evolutivo (pessoal) e evolucionista (da espécie): *você é a história que se move no presente.*

Pense assim: você e eu estamos aqui neste momento, sendo quem somos, não porque surgimos de geração espontânea, e sim porque assim quiseram nossos ancestrais. Tudo que eles fizeram, tudo em que trabalharam, sua luta para sobreviver e existir confluiu para que você e eu estejamos vivos hoje, neste instante e neste século. Somos a ponta do iceberg de uma saga na qual cada antepassado abriu caminho como pôde. Compreender o desenvolvimento da própria história sempre implica, de alguma maneira, assumir um legado e, sem cair em fanatismos nem tradicionalismos rançosos, honrá-lo. Como esquecer de onde venho e de que maneira fui assimilando o universo que me abarca?

EXERCÍCIO: UMA TAREFA CINEMATOGRÁFICA

O filme *Amistad*, dirigido por Steven Spielberg em 1997, relata uma história real, que aconteceu em 1839, sobre escravizados de Serra Leoa que se rebelaram durante uma viagem a Cuba. Por diversas razões, o navio desvia até chegar à costa leste dos Estados Unidos. Ali os escravizados são capturados, presos, e começa um julgamento para decidir se são mercadoria ou pessoas livres com o direito de voltar à sua África natal. Em dado momento, Anthony Hopkins, no papel do ex-presidente John Quincy Adams e defensor dos escravizados, diz ao líder deles, Sengbe Pieh (interpretado magistralmente por Djimon Hounsou):

— Vamos enfrentar algo muito difícil.

— Não estamos sozinhos — responde Pieh.

— Claro que não — diz Quincy Adams, sem muita convicção —, temos a verdade e a moral do nosso lado...

— Eu estava me referindo aos meus antepassados — diz Pieh em tom grave e emocionado. — Erguerei minha voz ao passado, até o início dos tempos, e rogarei que venham nos ajudar no dia do julgamento. Chegarei até eles e lhes pedirei que me infundam ânimo. Eles terão que vir, porque, neste momento, sou a única razão pela qual eles existiram.

Essas palavras deixam o ex-presidente mudo; ele fica observando Pieh, comovido. Recomendo que veja esse filme e tire alguma conclusão sobre seu passado, suas raízes e sua cultura.

Vou contar uma experiência pessoal. A maioria dos povos africanos acredita que, em situações desesperadoras, podem convocar seus antepassados porque estes nunca os abandonam. Às vezes, em minha vida, em situações extremas ou muito complexas, digo a mim mesmo que se eu fracassar, eles, meus antepassados, também fracassarão. Isso me enche de energia e me dá uma força especial para seguir em frente.

Desenvolva seus talentos naturais, não negocie com sua realização pessoal

Neste tópico, vou falar de realização pessoal, essa necessidade vital que os seres humanos têm de desenvolver seu potencial e sentir felicidade e orgulho por isso. Quando seus talentos naturais são expressos, seu ser se regozija porque a paixão assume o controle. Não me refiro ao empenho naquilo que a cultura do sucesso e do poder propõe, e sim a esse interesse fundamental que nos leva, de maneira obstinada e inexorável, a realizar aquilo que amamos.

O prazer da realização pessoal está na tarefa em si. Leia o seguinte relato oriental com atenção:

> O ARQUEIRO
>
> Quando o arqueiro atira gratuitamente, pelo mero prazer de fazê-lo, tem consigo toda sua habilidade. Quando atira esperando ganhar uma fivela de bronze, já está meio nervoso. Quando atira para ganhar uma medalha de ouro, enlouquece pensando no prêmio e perde metade de sua habilidade, pois já não vê um alvo, e sim dois.

O segredo está em estirar a corda, inclinar a cabeça, levar a mão para trás, olhar para a flecha e soltá-la com elegância. E, curioso, fazendo isso, é muito provável que você acerte o alvo: é questão de se permitir ser absorvido pelo processo.

Quando falamos de sua realização pessoal, você é o processo. Seu motivo não está no resultado, e sim dentro de você. Na psicologia, isso se chama *motivação intrínseca*.

Como saber se realmente se trata de seus talentos naturais? Responda "sim" ou "não" a essas quatro perguntas sobre uma atividade que considere "vocacional". Pense bem antes de responder.

- É fácil aprender a tarefa?
- Quando a está executando, você vê que as pessoas se aproximam e prestam atenção?
- Você pagaria para poder fazer essa atividade?
- Quando não a realiza, sente que lhe falta algo importante?

Se todas as suas respostas foram afirmativas, é provável que você esteja diante de um motivo de realização pessoal.
Vejamos um caso.
Um jovem paciente queria ser poeta. Sua inclinação era estudar Literatura, mas isso provocou uma comoção na família. Durante três gerações, todos os integrantes haviam estudado Direito. Seus três irmãos (dois homens e uma mulher) eram advogados de destaque. Meu paciente apresentava uma depressão que só crescia por um conflito interno que ele não conseguia resolver: o que devia fazer *versus* o que queria fazer. O ambiente o empurrava para um lado e seu ser para o outro. Então, eu decidi conversar com o pai dele, que era quem dava a última palavra. Resumo parte da conversa:

Terapeuta (T.): Por que lhe incomoda que seu filho faça Literatura? Minha opinião é que ele tem verdadeira paixão pela poesia.
Pai (P.): *(Soltando um suspiro)* Sejamos sinceros, doutor... poeta?! Tenho duas objeções: a primeira é que temos que respeitar a tradição da família, é quase uma obrigação, e não serei eu a quebrá-la. A segunda é uma questão mais prática: ele vai morrer de fome sendo poeta.
T.: Ele acha que será um grande poeta. Eu vi os trabalhos dele, são muito bons. Mas nunca se sabe, sempre há riscos quando se escolhe uma carreira. Quando eu abandonei a Engenharia para fazer Psicologia, minha família parou de falar comigo. Meu pai me disse o mesmo que o senhor está dizendo: "Nessa profissão, você vai morrer de fome". Mas, como vê, estou contente com minha profissão.

P.: Fico feliz pelo senhor, mas é uma exceção...
T.: Quero lhe fazer uma pergunta.
P.: À vontade.
T.: O que é felicidade para o senhor?
P.: *(Soltando uma gargalhada)* Essa é uma pergunta filosófica muito difícil de responder!
T.: Tente. Às vezes, é interessante pensar em coisas com as quais não estamos familiarizados.
P.: *(Acomodando-se na cadeira)* Bem, eu me considero um homem feliz, tenho minha família, minha profissão, uma mulher que amo, fui bem-sucedido no que fiz...
T.: Gosta de sua profissão?
P.: Claro. Se não gostasse, faria outra coisa. É uma parte importante de minha vida e... *(Ele se interrompe abruptamente e me olha.)*
T.: Percebe? O senhor disse várias coisas que eu gostaria que aplicasse com seu filho. Afirmou que a profissão é uma parte importante de sua felicidade e de sua vida, e, quando perguntei se gosta de sua profissão, disse literalmente: "Claro! Se não gostasse, *faria outra coisa*".
P.: Bem, eu...
T.: Seu filho é incapaz de desobedecer a você, e devo lhe dizer que isso é uma fraqueza. Nem sempre a obediência é um valor ou um comportamento adaptativo. Sem sua aprovação, ele estudará leis e não se sentirá bem, porque a vocação dele são as letras. O que é preferível: ter uma boa situação financeira e trabalhar em algo de que não gostamos ou não ter tantos recursos e fazer o que nos satisfaz de verdade? Deixe-o fazer outra coisa que não o Direito; não há maior alegria que ver um filho feliz, e não há maior tristeza que o ver deprimido.

Depois de duas consultas, o homem concordou, após uma reunião com a família e diante do espanto dos demais. O irmão mais velho perguntou a meu paciente por que ia fazer uma faculdade, segundo ele, de araque. Neste momento, eu tenho nas mãos um de seus livros. Omito seu nome por uma questão óbvia de sigilo profissional. Conclusão: *defenda com paixão o que quer ser, mesmo que os outros não gostem.*

O ponto de controle interno:
"Sobre mim, decido eu"

Eu me rebelo e tomo o controle de minha vida. Eu disse várias vezes que fatores externos "imanejáveis" têm influência em sua pessoa, mas não expliquei o verdadeiro poder de direção que você tem dentro de si. Esse poder se chama, na psicologia, **autodireção** ou **autodeterminação pessoal** (a capacidade de decidir por si mesmo as questões que lhe dizem respeito). Como Epiteto afirmava há dois mil anos e hoje a terapia cognitiva reafirma: "O que importa não é o que acontece, e sim como você reage ao que acontece". Ou seja, não são as coisas que o afetam, e sim o que você pensa a respeito delas. É a maneira como você processa a informação que o fará fraco ou forte, alegre ou triste.

Vejamos duas maneiras de definir seu ponto de controle:

- Se perceber, de maneira considerável, que tem o controle do que acontece ou poderia acontecer em sua vida, você dirá: "Eu administro e dirijo meu comportamento". *Seu ponto de controle será interno.* Você assumirá a responsabilidade por si mesmo, tomará o controle do que pensa, faz ou sente e lutará por seus objetivos, porque sentirá que realizá-los depende de você. Dirá: "Minha vida será o que eu fizer dela".
- Ao contrário, se perceber que aquilo que ocorre é ocasionado por fatores externos diante dos quais você não pode fazer nada, dirá: "Para que me esforçar ou tentar melhorar, se isso

não depende de mim?". *Seu ponto de controle será externo.* Você não assumirá a responsabilidade por si mesmo: entregará a condução do que pensa, faz ou sente às forças externas que supostamente operam sobre você (por exemplo, o universo, a sorte, os astros, a sociedade, determinadas pessoas, organizações ou o passado). Você não lutará por seus sonhos e começará a se aproximar do fatalismo/pessimismo. Baixará a guarda, entrará na mais cruel das resignações e interpretará a si mesmo como um zero à esquerda. Pensará: "Eu não controlo minha vida, sou controlado". Diante do fracasso, poderá dizer que tem azar ou que os astros não o favorecem, em vez de analisar os erros e enfrentar o problema.

Obviamente, muitas coisas escapam do seu controle. Você não é capaz de deter o curso de um terremoto ou de um vendaval, mas seu verdadeiro "poder de decisão" está na maneira como decide enfrentar esses imponderáveis. Diante de uma chuva torrencial, você pode resolver abrir um guarda-chuva, proteger-se em algum lugar, não sair ou se molhar. Você é dono da decisão de enfrentar os problemas como quiser, dentro de suas possibilidades pessoais. Algumas vezes acertará, em outras cometerás erros; mas, de qualquer maneira, *você julgará o que lhe será mais conveniente.* Repito: quando algo fugir de seu controle, você escolherá como enfrentar a situação – aceitar o pior que possa acontecer, regular suas emoções, ignorar o evento, ser realista, dar um chilique, sentar-se e chorar desconsoladamente etc.

Imagine um barco a vela à deriva no meio do oceano, que se move pelo impulso e pela orientação do vento. Desloca-se segundo o clima e vai de um lado para o outro, sem direção. O que falta a essa embarcação para dirigir seu rumo? Um motor interno. Uma força que seja superior à dos ventos e se imponha sobre eles. Você é o barco e tem um motor interno grande e poderoso, que é sua mente:

só precisa acioná-lo. E se não for possível que o motor funcione, por alguma razão, você pode improvisar algumas velas e fazer o que sugeria o finado ator James Dean: "Não posso mudar a direção do vento, mas posso ajustar as velas para chegar sempre a meu destino". Seja como for, não deixe que a corrente o leve para onde ela quiser.

PARA PENSAR NO ASSUNTO

Se alguma vez você se afastou de seu objetivo, leia isto:

Uma experiência pessoal minha exemplifica o que eu disse anteriormente. Quando minha filha mais velha nasceu, o pediatra nos alertou para que ficássemos atentos a alguma mudança de cor na pele dela, porque ele a notava um pouco amarela. A técnica era apertar o narizinho ou a sola do pé dela e observar se, ao tirar o dedo, a tonalidade que aparecia era clara ou amarelada. Eu passava o tempo todo fazendo o teste que o pediatra havia mandado, e talvez isso – dizia meu pai – tenha feito com que a menina ficasse com narizinho de batata desde pequena. Enfim, com o passar das horas, comecei a notar que minha filha ia ganhando um tom entre dourado e laranja-claro. O problema era que ninguém mais via isso. Os familiares de minha esposa diziam que era coisa da minha cabeça, que parasse com aquilo e curtisse minha nova condição de pai. Eram umas trinta pessoas e vários amigos e amigas que, em rigoroso rodízio, tentavam me convencer a esquecer o assunto. Passadas quase quarenta e oito horas, no aniversário de uma tia de minha mulher, a menina era o centro das atenções, pois era a recém-nascida da família. E praticamente me proibiram de continuar com aquele assunto porque isso provocava ansiedade na mãe, que tinha que amamentar nossa filha (como você vai ver na terceira parte, muitas vezes, a pressão do grupo nos faz seguir a manada e perder a autodireção). Era uma luta entre o que eu observava e o que os outros não queriam ver. Eu cheguei, inclusive, a duvidar seriamente da minha percepção. Mas, no dia seguinte, durante a madrugada, enquanto todos dormiam, eu não aguentei; liguei com urgência para o médico e lhe disse que, em minha opinião, a menina estava amarela. Ele me mandou ir imediatamente para o hospital e disse que nos encontraríamos lá. Entrei no carro, coloquei a bebê sobre minhas pernas, enrolada em uma manta, e fui devagar. Enquanto ia para o hospital, entendi que havia me deixado levar pelas pessoas que me cercavam, inclusive por minha esposa. Vi claramente que tinha que defender meu ponto de vista e agir de acordo com ele, porque a vida de minha filha estava em perigo. Algo tão óbvio havia se diluído sob a influência que os outros – um ponto de controle externo – exerciam sobre mim. Compreendi que, por um período, eu não havia sido dono de meus atos. Os níveis de bilirrubina dela estavam altíssimos em virtude de uma incompatibilidade sanguínea de subgrupo. Por essa razão, era necessário fazer um procedimento chamado exsanguinotransfusão, que consistia em trocar todo o sangue dela, com todos os riscos inerentes. Felizmente, correu tudo bem. As pessoas que se negavam a ver a realidade eram o vento que me empurrava a lugares para os quais eu não queria ir; por sorte, meu motor interno, mesmo meio avariado, respondeu a tempo. Obviamente, ninguém agiu com má intenção, mas também ninguém reconheceu que havia errado.

Conclusão: operam sobre você forças externas contra as quais não pode fazer nada, ou que só o influenciam indiretamente;

e forças internas também, que surgem de você e que *ninguém jamais poderá roubar*. Qual seria o meio-termo? Diferenciá-las e estar atento para que a balança não se incline para fora desproporcionalmente nem para dentro irracionalmente. Não há uma receita de controle "interno-externo". Você precisa tentar, primeiro, identificar as forças por tentativa e erro e, segundo, guiar-se pela premissa de Epiteto, que amplio e explico com minhas palavras (o que me importa é a ideia): "Quando alguma coisa está sob seu controle e é vital para você, lute para realizá-la, morra por ela se for preciso. Mas se fugir totalmente a seu controle, deixe estar. Que prime o realismo para que sua mente não se perca em um impossível, não se desgaste inutilmente nem adoeça".

Ajude os outros sem se autodestruir: um caso para você refletir

Talvez a frase a seguir não combine com os ensinamentos tradicionais que dizem que devemos exaltar mais os outros que nós mesmos: *os outros são tão importantes quanto você, e não há razão para que use todos os seus recursos cognitivos para agradá-los e realizar os desejos deles.*

Solidariedade? Claro, mas sem se destruir. Preocupar-se com seus semelhantes? Claro, mas sem se descuidar de você, sem se esquecer de sua pessoa. Sua identidade não deve ser só social, mas também pessoal; é uma questão de conviver sem perder sua singularidade.

Pessoas dirão que isso não pega bem, que seus interesses devem estar sempre em segundo plano em relação aos dos outros, dado que seu dever é exercer um altruísmo universal e generalizado. Mas não somos todos Madre Teresa de Calcutá nem São Francisco de Assis. Além disso, quanto a socorrer aqueles que sofrem, há uma premissa que deve ser levada em consideração: *se não cuidar de si mesmo, você não poderá cuidar de ninguém.*

> PARA PENSAR NO ASSUNTO
>
> **Existe um egoísmo saudável?**
>
> Em sua sabedoria, Dalai Lama defende um egoísmo inteligente e saudável para ser compassivo. Vejamos parte de um de seus discursos:
> *Somos seres humanos e, por natureza, todos os seres sencientes são egoístas; portanto, ser egoísta é válido, ter um cuidado máximo de si mesmo é correto. Para as pessoas que odeiam a si mesmas, é impossível desenvolver compaixão pelos outros. Portanto, amar a si mesmo é a base sólida, a semente que se estenderá aos outros; isso é compaixão. Então, somos egoístas, mas deveríamos ser egoístas sábios, e não de maneira absurda. Uma mente muito intolerante, limitada, extremista e com visão deficiente é autodestrutiva. Isso acontece com frequência. Para nos amarmos de verdade, é bom que usemos nossa inteligência de modo correto: tirando o máximo de proveito de nosso próprio bem-estar!*

Não defendo a busca de uma individualidade insensata e possessiva que se transforme em um individualismo linha dura, e sim uma forma equilibrada e realista de amor-próprio, na qual se misturem *a autonomia e a solidariedade*. Trata-se, então, de resgatar e fortalecer sua individualidade, sem quebrar o vínculo essencial que o mantém unido aos outros e sem cair no egocentrismo (tudo gira a meu redor), no egoísmo negativo (quero tudo para mim) ou na egolatria (venero a mim mesmo).

Vejamos um diálogo que tive com um paciente sobre esse tema. Esse homem sofria de uma síndrome conhecida como burnout (esgotamento), que costuma acontecer quando se presta ajuda aos outros sem considerar as consequências e os próprios limites. Determinadas pessoas, no ato de socorrer os outros, acabam se "queimando", "cansando", "derretendo" ou "bloqueando": perdem gradualmente a força do idealismo inicial e começam a ficar tensas e a se deprimir. Meu paciente apresentava todos esses sintomas. Há quatro anos ele era voluntário em uma organização que ajudava pessoas em situação de rua. Passou um tempo ajudando intensamente os indigentes, sem problema algum. Porém, nos últimos seis meses, havia começado a sentir uma fadiga, que foi crescendo depressa. Ele continuava exigindo de si, mas seu corpo e sua mente não respondiam. Começou a ter problemas para dormir, ansiedade e, mais tarde, depressão, como se a vida quisesse lhe dizer: "Já deu, pare um pouco". Ele chegou ao consultório com o rosto abatido, muito angustiado, e com uma carga de culpa que não era capaz de administrar.

Paciente (P.): Não estou me sentindo bem... não consigo manter o ritmo de antes... pessoas precisam de mim...
Terapeuta (T.): Quando você se sente mal e não pode ir a seu trabalho voluntário, alguém o substitui, não?
P.: Sim, mas não é essa a questão. Eu assumi um compromisso, entende? É meu dever, não posso sair... Essa pobre gente precisa de mim.
T.: Pelo que você me disse antes, todo esse tempo você ajudou muita gente...
P.: Nós não vemos a questão desse jeito; não há uma meta nem um fim. Não dizemos "não dá mais". Simplesmente continuamos.

T.: Entendo. Mas as pessoas não são todas iguais. Algumas têm mais força que outras. Há sempre um limite...
P.: O céu é o limite.
T.: Quantas vezes por semana você faz seu trabalho voluntário?
P.: Todos os dias depois do trabalho. Não tenho ninguém me esperando em casa; por isso, não há problema.
T.: E se você for duas ou três vezes por semana?
P.: Não consigo.
T.: Não acha que, se não estiver bem, não poderá ajudar as pessoas da maneira adequada?
P.: Sim, mas, como eu disse, é minha obrigação. O mundo está cada vez pior porque as pessoas não assumem sua responsabilidade social.
T.: É possível. Mas você também tem outra obrigação inadiável.
P.: Qual?
T.: Cuidar de si mesmo. E não só porque, assim, poderá fazer melhor seu trabalho de apoio às pessoas, mas também porque você *merece tanto quanto os outros*.
P.: O que quer dizer com isso?
T.: Você merece se sentir bem tanto quanto qualquer um.
P.: Mas eu sou um privilegiado!
T.: Pode ser, mas sua vida não vale menos que a de ninguém. Cuidar de si é tão válido quanto cuidar dos outros. Tem dúvida disso?
P.: *(Pensando)* Bem, mas... Não sei...
T.: Veja como você está, como está sofrendo! Concorda que é possível que, por pensar nos outros, você se esqueceu de si mesmo? Você precisa voltar para sua mente, organizá-la e criar um estilo de vida saudável. Precisa de descanso...
P.: *(Interrompendo)* Como vou descansar se há gente sofrendo?
T.: Você tem direito. Ser solidário não significa negar a si mesmo. Você não precisa sofrer para aliviar a dor do outro.
P.: E o amor ao próximo?

T.: Deve ser tão forte quanto o amor-próprio.
P.: Você está pedindo para eu me fechar e me isolar do mundo.
T.: Não. Estou sugerindo que se abra menos para mundo exterior por um tempo, para que ative mais e melhor seu mundo interior. Não se isole, simplesmente seja humilde e reconheça seus limites. Você passou dos limites, exigiu demais de si mesmo. Se menosprezar seu bem-estar, acabará não compreendendo o dos outros.

Depois de algumas sessões trabalhando a "volta ao eu", conseguimos definir uma zona de risco pessoal que ele não deveria ultrapassar. Ele compreendeu duas coisas básicas: que cada um provê e ajuda até onde pode, e que descuidar de si mesmo é, de certa maneira, existir menos e de modo irresponsável. Ele retomou seu trabalho voluntário sem ansiedade nem depressão e, principalmente, sem se fazer mal.

O autoflagelo não é uma virtude, mesmo que esteja a serviço de uma meta aparentemente altruísta. A nobreza e o amor começam em casa e depois se expandem. Se você cuidar de si mesmo de maneira sensata, poderá cuidar do mundo.

PARTE II

NÃO SE CURVE DIANTE
DOS MODELOS DE
AUTORIDADE QUE
SE JULGAM MELHORES
QUE VOCÊ:
NÃO EXISTE
GENTE "SUPERIOR"
NEM GENTE "INFERIOR"

PARTE II

> *A história humana começou com um ato de desobediência,
> e não é improvável que termine com um ato de obediência.*
>
> **ERICH FROMM**

Dizem que Diógenes, o filósofo cínico, estava almoçando na ágora, sentado no chão, quando passou um ministro do imperador e lhe disse: "Ah, Diógenes! Se aprendesse a ser mais submisso e a adular mais o imperador, não teria que comer tanta lentilha". E Diógenes respondeu: "Se você aprendesse a comer lentilha, não teria que ser submisso e adular tanto o imperador".

Certos indivíduos se acham grande coisa por causa de seu intelecto, sua moralidade ou sua conta bancária, e diante deles nos sentimos inferiores. Sua mera presença nos inibe e nos relacionamos com eles de maneira complexada, insegura ou temerosa. É difícil, para nós, vê-los como iguais. Acabamos os considerando mais "importantes" que nós porque são "modelos de autoridade": pessoas a imitar ou a seguir em alguma área, seja por suas conquistas, seus conhecimentos ou a posição que ocupam na sociedade. Gente a quem devemos obedecer cegamente e prestar honras porque ostentam prestígio, poder ou posição.

Não me refiro à autoridade que emana do Estado ou às leis vigentes em uma democracia consolidada, e sim aos modelos de autoridade psicológicos/emocionais criados pela sociedade (ou por nós mesmos, influenciados por ela) que em algum sentido são considerados referência, portadores de uma verdade incontestável. Desde pequenos, aprendemos que são pessoas extraordinárias e que, portanto, merecem um tratamento especial. Dessa maneira, pouco a pouco vai se instalando em nosso cérebro uma "hierarquia interpessoal", na qual vamos nos colocando conforme a instrução recebida. O lugar de alguns é "mais" o de piloto que o de comissário de bordo, mais de médico que de enfermeiro ou paciente, mais de pessoa "culta" que de alguém comum, mais de uma referência moral que de potenciais pecadores, mais de um mestre espiritual que de um discípulo, mais de um professor que de um aluno, mais de um empresário que de um funcionário, mais de um prefeito que de um cidadão comum, mais de uma pessoa que tem um dom que de uma que não tem ou mais de um chefe que de um funcionário. Enfim, a diferença funcional inerente ao papel que alguns ocupam dentro da sociedade é transferida ao valor como pessoa. Mas, como veremos, uma coisa é admirar, e outra é venerar.

Assim nos convencem e, sem que percebamos, como uma doença silenciosa, vamos aceitando que não somos todos iguais em direitos. Você acreditou nessa historinha e agora acha "normal" que exista uma escala que define o valor de cada indivíduo. Porém, caso lhe interesse e queira abrir sua mente: *você pertence à maior das linhagens; você é um ser humano*. E ali, na essência, todos somos um fim em si mesmo, não um meio; e por isso valemos *por quanto somos*. Não importam o status, os diplomas, a roupa ou o aspecto físico da outra pessoa, você não está abaixo, não deve se sujeitar.

O condicionamento o amarra a qualquer coisa e tem a capacidade de distorcer a essência de sua natureza até a mínima expressão. O relato que segue descreve bem o que quero explicar.

O LEÃO QUE SE URINAVA

Contam que um filhote de leão foi criado com um cãozinho. Desde que o felino nasceu, o cachorro o infernizava o tempo todo; mordia-o, latia, subia em cima dele e roubava a sua comida. Esse condicionamento foi tão forte que quando o leão cresceu e se tornou uma fera que assustava todo mundo, se urinava de medo só de ver o cachorrinho de sua infância. Não importava a grande diferença de tamanho, ou que pudesse acabar com ele com uma patada só. Nada o fazia reagir, porque o medo condicionado anulava o mais feroz de seus instintos.

Talvez você seja como o leão e, em vez de dar um rugido para evitar que alguém o humilhe, acovarda-se, percebe-se com menos força do que tem ou engrandece seu adversário. O que fazer em uma situação assim? A melhor saída é não aceitar o jogo de dominância/submissão e ser radicalmente autêntico, mesmo que escandalize metade da humanidade.

A questão é que você não tem que se preocupar em ficar bem ou mal com essa pessoa que o deslumbra e deve, sem machucá-la em nenhum sentido, ser como você é. Ou seja: desobedecer a quem pode esmagá-lo por obra e graça do poder psicológico que exibe. Martin Luther King Jr. expressou isso muito bem: "Ninguém montará em nós se não nos curvarmos". Portanto, endireite-se!

Por que esse pensamento irracional de que algumas pessoas são mais valiosas que você, mesmo maltratando sua autoestima assim? Já lhe aconteceu de, depois de se mostrar complacente e submisso com alguém "especial", voltar para casa com o peso da vergonha e não conseguir nem se olhar no espelho? Não seria mais digno, agradável e humano se relacionar sem engrandecer o interlocutor da vez e sem minimizar seu valor pessoal? Não seria melhor alcançar uma troca emocional e cognitiva mais equilibrada e menos vertical com os outros?

PARA PENSAR NO ASSUNTO

Por acaso você vive com um representante de Deus na Terra?

Em uma consulta, um homem disse a seu filho, de 8 anos, para que não restassem dúvidas sobre quem mandava em casa: "Ouça bem, filho, para você entender de uma vez por todas: os padres são os representantes de Deus na Terra e eu sou o representante de Deus em casa. Por isso, você tem que me obedecer". O menino arregalou os olhos, assustado, e assentiu com a cabeça sem dizer uma palavra. O que mais ele poderia fazer diante desse mandamento cósmico? Eu pensei: "Pobre menino...". E perguntei a mim mesmo: "Como oferecer resistência ou discordar diante de uma ordem que provém de uma espécie de messias autoproclamado?". Ter um pai autoritário já é um problema complicado, mas, pelo menos, é um pai humano. No entanto, enfrentar uma divindade é demais para um humilde mortal, ainda mais em tão tenra idade. Como ele poderia se relacionar de maneira saudável com o "representante de Deus em casa"? Comportar-se mal já não seria uma desobediência, e sim um pecado. Infelizmente, eles não voltaram ao meu consultório e eu não tive mais notícias deles.

Quando você entra em uma relação de poder doentia, pode ficar ancorado nela por toda a eternidade e repetir sistematicamente a conduta inadequada como se fosse um carma. De tanto pensar e sentir que alguém é melhor que você, acaba se habituando à hegemonia do outro e perde sua capacidade de discordar quando é preciso.

Imagine que você é submetido diariamente a uma tortura cruel e, podendo escapar ou se defender, não faz nada, porque o carrasco não lhe dá permissão. Um absurdo, claro. Mas como evitar isso? Tendo o cuidado de estabelecer relações democráticas, e não autocráticas, seja quem for o outro. Nunca justifique aquele que pisa em você. Em qualquer atividade, é possível exercer o controle sem faltar ao respeito nem desmerecer ninguém; basta ter boa vontade e fazer da maneira correta. Esta frase do filósofo Michel Onfray é contundente devido à sua clareza, e reafirma o que acabei de dizer: "O verdadeiro poder é o poder sobre nós mesmos. Qualquer outro é uma tirania injustificável".

EXERCÍCIOS E RECOMENDAÇÕES PARA NÃO PERMITIR QUE AS PESSOAS QUE SE SENTEM MELHORES QUE VOCÊ O SUBJUGUEM

Aprenda a diferenciar um modelo de autoridade construtivo (democrático) de um destrutivo (autoritário)

A autoridade que se estabelece em uma relação interpessoal surge do poder que se tem sobre alguém e que permite a quem o ostenta orientar, dominar ou modificar o comportamento do outro. O importante é ter consciência das situações em que estamos diante de uma autoridade nociva ou de uma benéfica, e que tipo de relação estabelecemos com elas. Eu proponho duas classificações para que você possa utilizar em seu dia a dia e saiba diferenciá-las. Uma é negativa e asfixia; a outra é positiva e ajuda a crescer.

- Existe uma figura de *autoridade construtiva e democrática* que é benéfica para seu ser e produz em você uma expansão da consciência (imagine um mestre budista com seu discípulo ou uma mãe amorosa com seu filho). Quem tem esse tipo de autoridade se preocupa com sua felicidade e potencializa sua essência (talentos naturais). Você aprende com ela sem imposição nem medo, aprende com alegria. Você a admira em vez de a temer. Ela o inspira, em vez de subjugá-lo. Não interfere em sua autonomia. Sua liderança é natural e desinteressada e você sente que essa pessoa é uma representante legítima de seus interesses e anseios.
- Existe também uma figura de *autoridade destrutiva* e *autoritária* (imagine um professor amedrontando seus alunos, ou um pai que maltrata seus filhos). O que faz você estar aí não é o desejo de aprender, e sim o dever de cumprir, sob pena de um castigo ou uma advertência. O comando é aceito de maneira submissa, sem provocar contradição nem oposição por medo. A chama da rebeldia se apaga. Você não anda ao lado da pessoa que o instrui, é subjugado; você não cresce, afunda; não avança, paralisa; ela não o impulsiona, freia. Jamais lhe permitirá ser você mesmo. Vai proibi-lo de inventar ou criar e fomentará a imitação. Sua liderança será imposta e totalitária.

Obviamente, entre os casos extremos que apresentei pode haver variações e nuances. De qualquer maneira, com base na explicação anterior, observe se você está sob o domínio de algum tipo de autoridade destrutiva. Se assim for, não se comporte como o leão diante do cãozinho, não se urine: ruja a plenos pulmões. E, ao contrário, caso esteja perto de um modelo de autoridade construtivo, tire proveito e assimile tudo que puder com ele, seja uma esponja. Mas, claro, sem perder sua liberdade interior e o direito à discordância.

Não é errado reconhecer as conquistas e capacidades de certas pessoas, próximas ou distantes, que se destacam em alguma área; ao contrário. Mas uma coisa é sentir admiração e "respeito" por alguém, e outra é se jogar aos pés da pessoa, adorá-la como se fosse um semideus e viver preocupado com que lhe dirija a palavra ou o ignore. Na admiração saudável você não se compara e curte o bem do outro. Quando precisa chamar a atenção de uma pessoa para se sentir bem e reafirmar seu valor pessoal, estabelece uma relação de dependência com ela; ou seja, entrega o poder de ser você mesmo a algo ou alguém. Quando você se inspira no modelo que toma por referência, sem renunciar a suas convicções, cria seu próprio mundo, único e ímpar. Quando se ajoelha diante do "mestre", repete como um papagaio tudo que escuta, sem opinião própria. Você se torna uma triste cópia do original, uma reprodução insípida, porque falta sua assinatura.

Como diziam Nietzsche e Píndaro: "Trate de chegar a ser o que realmente é", o que significa "encontre a si mesmo e resgate sua essência, aquilo que o define". Não se desvie, não se resigne com outra coisa, mantenha seu propósito, por mais que autoridades psicológicas ou morais tentem pressioná-lo. Lembre-se: *seu "eu" se fortalece quando você decide ser o que quer, e não o que lhe disseram que devia ser.*

Eu sugiro que ative seu "espírito de rebeldia" (uma das acepções da palavra *rebelar* é "expressar desacordo", e é nesse sentido que a uso). As pessoas que influenciaram significativamente a história da humanidade tiveram esse espírito, desde Buda e Jesus até Martin Luther King Jr. e Mandela, passando por Sócrates e Giordano Bruno. Ou mulheres como Hipárquia, Simone de Beauvoir, Eva Duarte, Amelia Earhart, Rigoberta Menchú, Malala Yousafzai ou Nadia Murad, para citar apenas algumas. Quanto a você, não sei se contribuirá da mesma maneira com o devir do mundo, mas tenho certeza de que, quando decidir ser quem é, sua história pessoal tomará outro rumo, que o aproximará mais do bem-estar e do funcionamento ideais.

Concluindo: quanto a quem se autodeclara "autoridade" em alguma área e quer impor sua maneira de sentir ou pensar, você deve decretá-lo *persona non grata* e impedir que seu ego esmague você. Se a pessoa se aproximar com respeito e sem delírios de grandeza, ouça-a, mas, se o autoritarismo aparecer, afaste-se ou enfrente, só não fique de braços cruzados.

Cultive a desobediência responsável quando for preciso

Em uma entrevista com Eduardo Galeano na contracapa do jornal *La Vanguardia*, de Barcelona, de 25 de abril de 2012, a entrevistadora lhe perguntou: "Como saber se a pessoa está viva ou se é um zumbi?". Galeano respondeu: "A pessoa precisa se perguntar até que ponto é capaz de amar e **de escolher entre a dignidade e a indignidade, de dizer não, de desobedecer.** Capaz de caminhar com suas próprias pernas, pensar com sua própria cabeça e sentir com o próprio coração, em vez de se resignar a pensar o que lhe mandam pensar" (grifo meu).

Inculcaram em nós que obedecer sempre é um valor, e desobedecer, uma falta de respeito ou um ato de rebelião, independentemente de quão prejudiciais sejam para nossa saúde mental as ordens que os outros pretendem nos dirigir. Porém, como a vida mostra, existem momentos em que indisciplinar-se ajuda a assegurar a sobrevivência física e emocional. O que sugiro é uma *desobediência responsável*, aquela que se exerce quando estamos diante de alguém que tenta nos machucar de alguma maneira e decidimos criar resistência (veja mais adiante: "Não traia a si mesmo"). O ato de não obedecer que proponho é "responsável" quando ajuda seu crescimento pessoal e o dos outros, respeita os direitos humanos e não está a serviço da violência nem é pura birra. No momento em que você reafirma sua dignidade e a protege de um modelo de autoridade destrutivo, age a favor da vida, daquilo que o faz humano.

Vejamos alguns exemplos de mandamentos educativos que podem ter sido instalados em nós e nos quais podemos aplicar a desobediência responsável para enfrentá-los: "Quando estiver com alguém que sabe mais que você, é melhor ficar calado"; "Ser dócil sempre é uma virtude"; "Opor-se é uma forma de agressão"; "Você deve se dar bem com todo mundo"; "Resigne-se, há gente superior a você"; "A desobediência nunca é justificada", e coisas assim. Essas normas navegam muito profundamente em seus neurônios e, com o tempo, fixam-se como as tábuas da lei. Se quiser revisar e organizar tudo isso, sugiro que se rebele contra os ensinamentos que o fazem se sentir inferior aos outros e pretendem que você se curve diante de certas pessoas. Faça isso com uma oposição sensata, corajosa e contundente (insisto, sem violar os direitos de ninguém).

PARA PENSAR NO ASSUNTO

Se você apenas obedecer (dizer "sim" a tudo sem opinar), será um escravo. E se a nada obedecer (dizer "não" a tudo porque sim), será um revoltado que contraria a ordem mental e social reinante (um rebelde sem causa). Uma reflexão fundamentada e razoável o levará a analisar se seus direitos e valor pessoal estão realmente em jogo, para agir de acordo. Nem tudo é negociável, você sabe, mesmo concordando com coisas com as quais não deveria (recomendo meu livro sobre assertividade para evitar que seja manipulado: *O direito de dizer não!*). Reflita

> sobre a seguinte frase de Dante Alighieri: "A humanidade está na melhor situação quando tem o mais alto grau de liberdade". Ou seja, quando puder dizer com liberdade e consciência "Não farei isso, não concordo, não quero ou me recuso porque vai contra minha pessoa"; ou "Farei isso porque quero ou porque não tenho objeção", você subirá vários degraus em sua humanidade.

Não tenha medo da palavra *rebeldia* quando utilizada em um contexto de não violência, mesmo que alguns se choquem quando a escutam. Se você ativar a indignação, será forte. Não falo da ira pura e dura de seu lado animal e primitivo, e sim de uma "ira diante da injustiça", uma emoção processada pela razão e exclusivamente humana. Se você se "indignar" de verdade, ou seja, quando afetam sua "dignidade", o medo da figura de autoridade que o ofende desaparecerá. A valentia surgirá como um bálsamo e ocorrerá algo dentro de você que o levará a agir de maneira taxativa.

Vejamos um caso pessoal.

Eu estava no terceiro ano de um curso técnico. Uma das matérias mais difíceis era desenho técnico, e o professor era praticamente um ogro. Era depreciativo, debochava dos alunos e nos desqualificava de maneira ofensiva quando cometíamos um erro. Lembro que ficava andando pela sala com uma daquelas velhas réguas em forma de "T", de madeira, no ombro, e a usava para apontar para nós quando queria perguntar algo. Chegava até a nos tocar com ela, de maneira ameaçadora, quando não sabíamos a resposta. Certa manhã, no meio da aula, ele fez uma pergunta e apontou para mim com sua régua: "Você, quatro-olhos! Qual é a resposta?".

Eu sofria de uma miopia galopante e meus óculos eram daqueles tipo fundo de garrafa. Desde o começo do curso, ele começou a pôr apelidos em cada um de nós: "macarrão" ao que era magro, "Sancho Pança" ao que era obeso, "anoitecer" ao que tinha pele escura, e assim por diante. Ninguém se salvava. E a mim, desde o primeiro dia, chamava de "quatro-olhos".

Ele repetiu a pergunta porque eu continuei sentado: "Ande, quatro-olhos, qual é a resposta? Não está me ouvindo?", disse, aproximando-se, sem tirar os olhos de mim.

Naquele momento, eu não sabia bem o que estava acontecendo comigo. Senti um calor que subia do meu estômago e até a garganta. Meu coração parecia bater nas orelhas e eu suava. Mas, ao mesmo tempo, comecei a perceber algo bem básico e instintivo; um tipo de oposição àquele personagem abusivo. Naquele dia, depois de ter suportado tantos meses de deboche, algo em mim disse "chega". Se isso já aconteceu com você, sabe do que estou falando. Não é o cérebro que responde, e sim nossa biologia mais elementar. Mais tarde, eu entendi que aquilo que me movia não era nada além de indignação.

Evidentemente contrariado, o homem insistiu de novo, dessa vez com os olhos arregalados e a voz alterada. Então, eu me levantei devagar, mas não disse uma palavra. Até meus óculos tremiam, mas eu sabia que, dessa vez, não ia deixar que ele me menosprezasse. Foi quando, com a voz entrecortada, eu disse: "Meu nome... é Walter...".

Todos os meus colegas de classe me olharam, surpresos. O professor ficou pálido, suponho que de raiva, e jogou o giz no chão. "O que você disse?!", vociferou, com a respiração acelerada. Mas eu não podia mais me deter. Repeti a mesma coisa. E como se o ofendido fosse ele, replicou: "Mal-educado, atrevido! Vamos ter que falar com o diretor!". "Por mim, tudo bem", respondi, olhando-o nos olhos.

Depois de alguns segundos de silêncio, ele foi até sua mesa, dispensou os alunos e gritou para mim: "Você fica!".

Já a sós, ele me perguntou se eu tinha problemas em casa, se sempre havia sido "agressivo assim" e se ninguém tinha me ensinado o que era respeito. Eu me limitava a responder "não" ou "sim", dependendo do caso. A tortura durou uns vinte minutos, até que ele pegou um papel e anotou o nome de um calmante que, segundo ele, vendiam sem receita. Nunca mais me chamou de "quatro-olhos", mas também não me chamava pelo nome; só apontava para mim e dizia: "Você, qual é a resposta?". Meus colegas ficaram me perguntando se eu estava louco, mas, nas rodinhas, falavam do "italiano" que havia enfrentado o professor tenebroso.

Se, quando criança, era aplaudido e elogiado sempre que acatava uma ordem, e lhe retiravam o afeto quando não obedecia, com certeza você associou a desobediência à culpa, ou seja: "Se me recuso a seguir uma ordem, sou ruim e não entro no clube das boas pessoas". Ou se você era castigado fisicamente, com gritos e insultos, quando não acatava as ordens que lhe davam, deve ter associado a desobediência ao medo da dor, ou seja: "Se eu não seguir as instruções, vão me machucar, será um tormento". Depois, você cresceu e, na escola, infundiram-lhe o "respeito exagerado à autoridade" e a "obediência devida" como virtude. E, assim, se seguiu o ciclo educacional. Todas as experiências que teve com uma autoridade nociva ou não construtiva, familiar ou escolar, ficaram guardadas em sua memória, e agora, quando encontra alguém com algumas características físicas ou psicológicas desse tipo de pessoa, você se curva automaticamente. A conduta foi se firmando com o passar do tempo e virou costume, um paradigma contraindicado para sua saúde mental. Muitas vezes, temos de obedecer, e é correto; mas há questões que não podemos aceitar tão facilmente e de maneira submissa. Esta reflexão de Émile Chartier, "Alain", indica o limite principal: "O espírito não deve jamais ser submetido à obediência". Em outras palavras: sua liberdade interior, sua essência, seu ser, não deve ser submetido à obediência porque você deixa de ser um sujeito.

> **PARA PENSAR NO ASSUNTO**
>
> Li isto em algum lugar e gostei: "O tigre e o leão são mais fortes que o lobo, mas o lobo nunca trabalha no circo". Deve ser, acho, porque é mais difícil de domesticar. Com os seres humanos acontece algo parecido, mas com outra explicação: *na força exterior manda o músculo; na interior, os princípios.*

Gente insuportável 1: os que se julgam uma autoridade moral e querem lhe ensinar o "caminho"

Uma paciente me dizia: "Contei a uma mulher que meu filho de 15 anos me confessou que é gay. Ela não é minha amiga, mas a conheço faz tempo, da escola, porque ela é mãe de outra criança. Sempre a achei gentil e muito tranquila, por isso decidi confiar nela. O que eu não sabia é que ela era de um grupo religioso cujo nome não me recordo. Isso foi há quase um ano e ela não para de me ligar, aparece em vários lugares e me entrega folhetos e nomes de terapeutas que, segundo ela, curam a homossexualidade. O cúmulo foi quando ela me disse que Andrés, meu filho, não se salvaria e iria para o inferno se eu continuasse sendo irresponsável. Não sei mais o que fazer...".

Um ano de perseguições e proselitismo religioso e minha paciente não sabia o que fazer! Uma vez, eu lhe perguntei: "O que a impede de mandá-la catar coquinhos?". Ela respondeu: "É que não sei como dizer... Ela tem boas intenções...". Tentei ser mais enfático: "Não sei se as intenções dela são boas, mas a atitude dela faz mal para você. Ela quer impor sua maneira de pensar e lhe provoca medo e insegurança. Você nunca foi homofóbica, sempre aceitou a orientação sexual de seu filho; não se deixe dominar". Ela respondeu: "É que ela parece entender do assunto". Então, eu entendi que a questão era outra: "Será que você a enxerga como uma figura de autoridade moral e religiosa? Você deixou que, pouco a pouco, ela fosse entrando na sua mente até semear a dúvida. Realmente acha que um conjunto de crenças pode superar o amor e a aceitação incondicional que você sente pelo seu filho?".

No fim, fizemos um trabalho de resistência ativa para que a mulher levasse sua doutrinação para longe, mas especialmente para desarmar a percepção de que se tratava de uma "autoridade no assunto". Minha paciente conseguiu enfrentá-la e até a assustou, dizendo que a convidava a acreditar em Satanás. A mulher saiu correndo.

Aqueles que se julgam uma autoridade moral ficam o tempo todo dizendo o que é correto e incorreto. Essas pessoas costumam pertencer a uma organização ou ser simples amadoras de alguma verdade revelada. Gente que parece flutuar, em vez de caminhar, e sempre nos recordam de que somos um simples mortal afastado da moral ou do deus que pregam. Quando nos olham, esbanjam compaixão e parecem nos dar os pêsames: "Você não está bem... Lamento...". Que insuportáveis! Quem lhes deu o direito de se promover como guias morais?

Essas pessoas têm o direito de falar de Deus, das virtudes ou do amor, se quiserem, claro. O insuportável é que nos obriguem a pensar e agir como elas acham que é o certo. Quando você entra nesse jogo e lhes dá nem que seja um pingo de credibilidade, elas fazem o possível para lhe convencer e desorganizar. Em geral, veem coisas "perigosas" por todo lado, inclusive onde não existem. A história a seguir me faz lembrar de algumas dessas pessoas.

O BISBILHOTEIRO

Contam que uma senhora chamou a polícia com urgência porque um abusador a olhava pela janela e lhe

> fazia propostas "indecentes". Os policiais, ao chegar, perguntaram-lhe onde estava o tal abusador, e ela disse: "Subam no sótão, há uma cadeira ali; subam nela, peguem os binóculos e olhem para frente. Ali está o depravado".

Gente insuportável 2: os que se consideram "especialistas" em algum assunto e querem lhe ensinar

Tive um paciente que se lamentava: "Toda vez que convido meu melhor amigo para ir à minha casa, eu me sinto como se tivesse que fazer uma prova de literatura. A maioria dos convidados se sente igual. Quando a pessoa não sabe da mais recente novidade, ele diz, com cara de surpresa: 'Você não leu?'. E, quando alguém diz o que está lendo, ele sempre diz que o livro é muito ruim. Além disso, passa o tempo todo falando a mesma coisa". O ego chega por todos os lados. Essa história me fez lembrar de um colega que, quando fala sobre algum assunto, cita a si mesmo. Perguntei a meu paciente se ele não havia pensado em não convidar mais essa pessoa, e ele me olhou com os olhos arregalados: "Mas é meu melhor amigo!", exclamou. Então, eu sugeri: "Converse com ele, diga a verdade. Faça isso em nome da amizade de vocês. Com delicadeza, e veja o que ele propõe". Foi o que ele fez, mas o escritor rompeu relações imediatamente com meu paciente e com o grupo. É a premissa típica dos que se julgam especiais: "Ou todos se adaptam à minha erudição, ou acabou".

Há especialistas rondando sua vida? Se assim o for, tome cuidado. Hoje nos vendem especialistas de todo tipo. Em economia, sexualidade, psicologia, política, música, dinossauros, encanamentos galvanizados, enfim, gente que sabe tanto de uma coisa que não precisa saber de mais nada. É como ir a um médico ultraespecializado em algum órgão ou sistema fisiológico que, por alguma razão inexplicável, esqueceu tudo que aprendeu de medicina. E quando perguntamos sobre uma doença fora de sua especialização, ele nos manda a outro como ele, versado na área correspondente.

Especialistas são importantes e necessários para aprofundar o conhecimento em determinada área, mas, quando exageram e nos esfregam na cara sua perícia, ficam chatos demais. Imagino que já aconteceu de a mera presença de uma pessoa assim o inibir e você não conseguir ser como gostaria. Suponhamos, por exemplo, que você está com amigos, e, entre eles, há um gênio em política internacional. Em dado momento, quando falam de Trump, você dá sua opinião de neófito e bastante inadequada: que o cabelo cor de cenoura do homem parece uma vassoura e é ridículo. Mas você também o acha um homofóbico, racista e machista. Enquanto pensa isso, o perito começa a versar sobre história e você não entende nada (a maioria também não), mas como interrompê-lo esbanjando erudição com uma apreciação tão superficial como a do cabelo de Trump? Então, você faz cara de desanimado diante daquele discurso sério e inescrutável. Assente para tudo e, sem perceber, acaba em atitude de reverência. Por isso, depois, toda vez que está com ele, evita falar de política, dado que "o homem sabe tudo". Você acaba de criar uma figura de autoridade.

Some a isso todos os temas possíveis em que poderia encontrar alguém parecido. Se estiver em uma reunião "culta", sempre haverá alguns que, sem palavras, mandarão que cale a boca. Sonhemos juntos: imagine que em um desses encontros de "sabichões" onde estão falando do presidente dos Estados Unidos, você decide subir na mesa e, como se fosse a Mafalda, gritar: "Odeio o cabelo daquele idiota, odeio a cara dele de cenoura, odeio sua maneira de pensar e de se vestir! E pronto!". Imagine que, depois, você volta a seu lugar, senta-se, olha para todos e diz: "Do que você estava falando mesmo?". Não sei o que aconteceria, mas garanto que não faltará quem se ofenda porque você "acabou com a profundidade do discurso". Mas você terá exercido seu direito de manifestar sua opinião, afinal, está em uma reunião social, não em um congresso internacional ou violando o protocolo de uma reunião do G7.

> PARA PENSAR NO ASSUNTO
>
> Os especialistas lhe tiram o direito de dizer "não concordo" porque você tem apenas um ponto de vista "não avalizado por outros especialistas". O que o faz se curvar diante deles? O fato de que vão pensar mal de você, achá-lo pouco instruído, de que vai destoar do grupo que fica babando enquanto ouve o especialista, ou de que o "mestre" vai ignorá-lo. Suponhamos que um "especialista em vinhos", desses que não nos deixam beber em paz porque ficam dando o currículo da bebida a cada gole, me dissesse que o vinho que estou bebendo e curtindo é ruim. Eu garanto que se isso acontecesse, eu não me importaria em absoluto, porque *eu é que defino o critério daquilo de que gosto*. Eu continuaria bebendo e brindaria a ele, diante do seu olhar indignado e surpreso.

Gente insuportável 3: os que se sentem superiores aos outros porque têm dinheiro e insistem em manter distância

Não há nada de errado em ter dinheiro; o problema é, como dizia Sêneca, quando "o dinheiro é que nos tem", ou seja, pensar que valemos pelo que possuímos, e não pelo que somos. Se você define seu valor pessoal pelos bens que tem, vai se identificar com uma bolsa de marca, um carro ou com ações da Bolsa de Valores. A pessoa que pensa assim tende a menosprezar os que têm menos que ela e tem certeza de que merece mais privilégios por ser quem é. Parece doentio, mas é assim. É o modelo de autoridade econômica.

Existe uma hierarquia econômica que impregna toda a sociedade e, mesmo que não queira, você é colocado em algum lugar dela (mas outra coisa é que você aceite esse lugar e assuma a classificação). Submeter-se ao preceito "você vale pelo que tem" fará você perder o norte: começará a se comparar com os outros e tentará escalar posições desesperadamente. Mas se considerar que o "ser" é muito mais que o "ter", não se importará com as posses de uma pessoa para se relacionar com ela.

O poder que o dinheiro outorga é uma máquina de gerar figuras de autoridade, especialmente associadas aos três "P" que dissemos antes: poder, prestígio e posição. Por que são nocivas para seu bem-estar emocional? Porque, se criar a *necessidade* de qualquer um desses "P", você deixará de lado o que é de verdade para focar exclusivamente em suas conquistas materiais ou nas suas realizações. A tríade mencionada o leva a ver supremacia onde não existe, a confundir os valores e a criar apego ao dinheiro. No filme *Wall Street: o dinheiro nunca dorme*, um jovem pergunta a um milionário quais são seus limites. O homem fica pensando, esboça um sorriso e responde: "Mais".

As relações que estabelecemos com gente que se sente especial por ter dinheiro são muito complexas e difíceis. Vejamos algumas possibilidades, refletidas em três casos.

CASO 1: NÃO HÁ "HIERARQUIA" NA AMIZADE

Alguns acreditam que o bolso outorga um selo de distinção que os outros devem respeitar. Tive um amigo rico que havia feito fortuna no setor da construção. Eu venho de uma família humilde e desde jovem lutei para sobreviver, melhorar meu nível de vida e obter certa estabilidade econômica. Fui carteiro, vendedor de livros de porta em porta, torneiro mecânico, enfim, tudo que aparecesse. Meu amigo me conheceu na época em que eu fazia um grande esforço para estudar psicologia e, obviamente, conhecia toda minha história.

Depois de muito batalhar, eu me formei psicólogo e, conforme ia progredindo, percebia que algumas coisas pareciam incomodá-lo. Por exemplo, quando eu matriculei minhas filhas em uma escola bilíngue de bom nível ou fiz uma reforma em meu apartamento, ele me disse, a título de conselho, para ter cuidado, porque estava me comportando como um "novo rico". Isso se repetiu em muitas ocasiões. Mas quando era ele quem obtinha uma conquista ou um benefício, era natural, de berço ou o normal para um "velho rico".

Ele nunca aceitou minhas conquistas com a alegria sincera de um amigo, talvez porque eu estava entrando em uma área na qual ele se considerava "superior" em relação a mim: a econômica. Não era capaz de me ver de igual para igual, e nem eu aceitei uma relação na qual tinha que "manter distância" de uma categoria social. Escolhemos e construímos nossas amizades com entusiasmo, mas quando as coisas não vão bem, é melhor cortar pela raiz.

CASO 2: QUANDO ALGUÉM ACHA QUE OS OUTROS SÃO SEUS "EMPREGADOS"

Há também aqueles indivíduos que têm um ego enorme e estendem à maioria dos mortais o domínio que usam sobre empregados e subalternos. Esse fenômeno de "autoridade generalizada" é mais frequente do que se pode imaginar. Uma paciente me dizia: "Meu cunhado é um empresário reconhecido acostumado a lidar com milhões de dólares e centenas de pessoas. Eu o respeito e o amo, mas não é fácil conviver com ele. Quase sempre, e não sei se ele faz sem perceber ou de propósito, trata os outros como se fossem seus empregados: impõe, ordena e briga. Tudo tem que ser como ele quer. E o mais absurdo é que tenho medo de o contrariar, por isso faço o que ele diz... Não sei, ele passou a ser uma pessoa que me controla". Depois de algumas sessões, ela conseguiu sair do domínio do cunhado. Aprendeu a reconhecer o não negociável e começou a "desobedecer" e a dizer "não" a qualquer tentativa de manipulação. O resultado foi que o homem começou a se relacionar adequadamente com minha paciente, mas com os outros, continuou sendo o mesmo. É como dizem: cada um sabe de si.

Repito: há pessoas que, de tanto exercer a autoridade no trabalho, acabam levando-a como um germe para todos os lugares. Se encontrar uma pessoa assim, lembre-se de que você não trabalha para ela. E você verá o sofrimento dela por não poder "demitir" você. Aproveite.

CASO 3: QUANDO O PODER DO DINHEIRO FAZ DIMINUIR O AMOR E A HUMANIDADE

Por fim, o poder que o dinheiro outorga pode sequestrar a autonomia da pessoa. Um paciente de 65 anos chegou a meu consultório bem abatido. Sua queixa eram problemas para dormir e enxaqueca, e tinha também uma depressão que só crescia. Estava muito envelhecido e tinha pensamentos negativos de desvalorização. Em suas palavras: "Sou um fracassado".

Ele havia se casado pela segunda vez trinta anos antes. Era escultor, e embora suas obras houvessem tido certa aceitação no mercado da arte, já não eram tão reconhecidas, e ele só conseguia vender alguma de vez em quando. O que mais agravava a questão era a relação com a esposa atual. A mulher havia recebido uma grande herança e, de uma hora para outra, o estilo de vida deles mudou radicalmente. Ela parou de trabalhar, comprou um enorme apartamento de luxo, trocou de carro, comprou o título do clube que sempre quis frequentar e passou a administrar sua herança. Em pouco tempo, mesmo tendo um bom relacionamento, começaram as dificuldades entre eles.

Um dia, a mulher disse: "Temos que fazer as contas para ver com quanto cada um vai colaborar". Meu paciente só conseguiu lhe dizer: "Mas você sabe qual é minha situação". A mulher respondeu:

"Vamos fazer o seguinte: eu compro seu carro e, com esse dinheiro, você cobre as despesas de um ano. Não se preocupe, eu lhe emprestarei o carro sempre que você precisar". Assim foi feito. Em outra ocasião, ela propôs: "Como você não tem aposentadoria, vou lhe pagar um salário equivalente, mas você me ajuda com as coisas que eu tiver que fazer". Assim, a esposa foi transformando o marido em um empregado. Ele era motorista, secretário e responsável pelas compras dela. Nunca o deixava participar das decisões importantes. Também começou a tratá-lo com pouca consideração, "chamando-lhe a atenção" e ameaçando demiti-lo.

Tivemos algumas sessões e, quando íamos começar a trabalhar o tema de ele se fazer respeitar e perder o medo de contradizer a esposa, fiquei sabendo que ele havia morrido de infarto, repentinamente. Não foi um final feliz.

Diante de qualquer tipo de escravidão, tendemos a pensar que só existem duas possibilidades: entregar-se ou brigar. Mas há outra opção, que é a que escolhem alguns pássaros quando são trancados em uma gaiola: não comem, não bebem, não cantam, preferem morrer ou simplesmente não lhes interessa viver sem voar. Sempre enxerguei na resposta dessas aves aprisionadas mais um ato de protesto que de indefensabilidade. Quero me lembrar desse meu paciente como um desses pássaros que, quando tirados de seu meio natural, preferem partir para sempre.

PARA PENSAR NO ASSUNTO

Quando você descobre e compreende que não é inferior a ninguém, aqueles que se sentiam por cima caem como pedras. *As pessoas se engrandecem porque existem os que se apequenam.*

Tire o poder daquele que se acha; ele é um ser humano como você

Uma vez, em um avião, escutei uma mulher dizer à sua filha de uns 10 anos: "Você sempre deve agradar às pessoas importantes. Mostre-se feliz e boazinha diante delas. Sorria sempre, e, assim, você conseguirá o que quiser. Então, vá se arrumar e pentear esse cabelo". A menina sorriu de orelha a orelha e a mãe a abraçou. Eu pensei: "Uma futura paciente". Ensinar a uma criança que deve agradar às "pessoas importantes" provocará um misto de fascinação pelo poder e necessidade de aprovação crônica. Dupla dependência, dupla resignação.

O "esmagamento emocional" que provoca aquele que tem delírio de grandeza pode ser diminuído quando a pessoa não tem outra escolha a não ser continuar na relação. Uma das melhores maneiras de vencer a ansiedade que alguém poderoso provoca é se aproximar, mas de maneira dissimulada e com criatividade. O "superior" não precisa perceber, dado que o objetivo não é "vencê-lo", e sim acabar com a intimidação que sua presença gera sobre você. Vejamos essa questão em detalhes.

EXERCÍCIO: INVASÃO TERRITORIAL

Entre no território psicológico da pessoa que o inibe e lhe infunde um respeito tão exagerado que, às vezes, parece mais um misto de terror e veneração. Primeiro, procure se aproximar quando estiver interagindo com ela. A maioria dos indivíduos tem um território circular de uns cinquenta centímetros de segurança pessoal ao seu redor. Ultrapasse esse limite com delicadeza e devagar, pouco a pouco. Quando a cumprimentar, estender a mão ou conversar com ela, faça-o dentro desse espaço, tanto quanto possível, e você terá sua primeira vitória: ela retrocederá psicologicamente e levará o corpo para trás. Ou seja, você descobrirá que esse ser "todo-poderoso" se incomoda como qualquer outro ser humano.

Segundo, quando se dirigir à pessoa que se acha, use um tom de voz adequado (não fale baixinho), procure evitar rodeios, olhe-a nos olhos e não deixe que sua postura indique subordinação de sua parte. Mantenha-se erguido. Às vezes, nós nos curvamos, sem perceber, diante de alguém poderoso, com prestígio ou posição social. Talvez isso seja uma reminiscência de nossos parentes próximos, os chimpanzés.

Terceiro, quando a olhar nos olhos, brinque com sua imaginação: humanize-a e traga-a para a Terra. Pense que ela transpira e cheira mal. Pense que vai ao banheiro e defeca como qualquer outro, com todas as consequências. Pense, como dizia o imperador Marco Aurélio, que o corpo da pessoa é um saco cheio de órgãos, sangue, gordura e outras coisas pouco agradáveis. Não esqueça que ela se assusta, que chora e que quer agradar aos superiores (sempre há alguém por cima do que está em cima). Imagine-a em casa, com o(a) companheiro(a), os filhos e os pais, tendo uma vida como a de qualquer um, vestindo-se e se despindo, comendo com a boca aberta ou fechada.

Quarto: às vezes, um pouco de flerte ajuda. Por exemplo, tirar o pó (ou a caspa) dos ombros dela, ou um fio de cabelo ou fiapo do paletó, ajudá-la a descer ou subir uma escada ou apontar um erro com um sorriso compreensivo. Enfim: inunde-se do outro sem que ele perceba. "Falte ao respeito", no bom sentido, à aparência e a essa magnificência que você lhe atribui e que só existe em sua cabeça.

Vejamos um caso que deixa claro que não é nada fácil se opor a alguém a quem nos submetemos por muito tempo. Mas vale a pena tentar.

Uma paciente minha, médica recém-formada, foi me procurar porque estava em um conflito que não era capaz de resolver. Certa vez, levou seu carro a uma oficina mecânica e foi atendida por um jovem muito bonito, com quem começou uma amizade. Um ano depois, estavam namorando, mas com um agravante: os pais dela não aprovavam o relacionamento. Por causa disso, começaram a aplicar uma série de estratégias de isolamento: não contavam com o namorado para nenhuma atividade social e, sempre que possível, deixavam-no de fora dos programas familiares. Um dia minha paciente os enfrentou, e eles foram muito sinceros. Explicaram que o namorado não era da mesma classe social deles, que as diferenças eram notáveis (fizeram referência aos modos e à maneira de vestir dele), e sua mãe acrescentou que o rapaz era meio "escuro". Explicaram, também, que tinham medo de que ela decidisse não fazer uma especialização em Harvard para ficar com ele. Houve uma discussão forte e acalorada; mas as coisas não mudaram e o "cordão sanitário" ao redor do namorado não deixou de existir. Em uma sessão, ela e eu tivemos a seguinte conversa:

Paciente (P.): Estou com raiva. Eu o amo de verdade...
Terapeuta (T.): A opinião de seus pais é muito importante para você?
P.: Eu sempre fiz o que eles queriam.
T.: Dá pra ver que eles têm muitas expectativas sobre você.
P.: Meu pai é neurologista e quer que eu siga seus passos.
T.: É isso o que você quer?
P.: Eu gosto mais de pediatria, mas não disse isso a ele.
T.: Você nota as mesmas "diferenças" que eles veem entre você e seu namorado? Independentemente do amor que sinta.
P.: Isso nunca me passou pela cabeça.

T.: Quem tem mais influência sobre você? A quem você "respeita" mais em casa?
P.: Meu pai... Sou a menina dos olhos dele.
T.: Você o admira?
P.: Muito.
T.: Tem medo dele?
P.: Sim, também... Ele sempre teve um gênio forte e é muito severo. Bem... também não quero decepcioná-lo.
T.: É difícil contrariá-lo?
P.: Não costumo precisar, porque, em geral, pensamos igual sobre as coisas.
T.: Você concorda mesmo ou faz para agradá-lo?
P.: Os dois.
T.: Esse é o primeiro grande confronto, a primeira vez que você não faz o que ele pede?
P.: Sim...
T.: O que você quer?
P.: Que eles o aceitem.
T.: Não depende de você... O que fará se não aceitarem? Você mesma tem que tomar essa decisão, sem influências e assumindo as consequências... Entende o que isso significa?
P.: Sim, acho que sim...
T.: Eu proponho que tratemos desse assunto durante algumas sessões.

Como é complicado se opor aos pais quando a obediência cega foi a regra durante anos! Ela precisava da aceitação deles para qualquer coisa importante que quisesse fazer. A ajuda terapêutica se baseou em duas questões: desenvolver nela uma capacidade que nunca havia posto em prática – "desobedecer" a seus pais (apesar do medo) e entender que sua visão do mundo não tinha que ser como a deles. À medida que fomos avançando na terapia, o amor entre ela e o namorado foi se consolidando significativamente. Por fim se casaram, foram morar em outra cidade e tiveram uma menina. Pelo que eu soube, depois de quatro anos, o pai ainda não a havia "perdoado" por ter se casado com um homem de quem ele não gostava. Não tive mais notícias dela. O amor foi mais forte que o classismo e o racismo. Uma vitória para celebrar.

Não traia a si mesmo

Eu me refiro a não ir contra suas crenças mais sinceras, ou seja, sua consciência. Quando algo se opõe às ideias fundamentais que o definem como indivíduo, você sempre tem a possibilidade de "objetar" (impugnar, rebater, resistir). Há muitos e variados exemplos ao longo da história e em diversos contextos culturais: não se alistar no serviço militar por ser contra a guerra ou as armas, recusar-se a realizar um aborto por motivos morais, não saudar à bandeira por considerar isso um ato de idolatria segundo determinada crença religiosa, só para citar alguns. O que se pretende com essa oposição não é mudar a norma, como seria o objetivo da desobediência civil, e sim recusar-se a cumpri-la porque entra em conflito com determinados aspectos éticos pessoais: é o que se conhece como *objeção de consciência*.

PARA PENSAR NO ASSUNTO

Caso não saiba: conforme reconhecem as Nações Unidas no artigo 18 de sua Declaração Universal de Direitos Humanos, você tem o "direito à liberdade de pensamento, de consciência e de religião". Se você leva isso a sério, a pergunta é: por que diabos lhe incomoda quando os outros não aprovam suas convicções se você não precisa da aprovação de ninguém?

Recomendo um filme intitulado *Até o último homem*, que fala sobre a história real de um soldado cristão adventista do sétimo dia, Desmond Thomas Doss, que se recusou a portar armas em plena Segunda Guerra Mundial. O extraordinário foi que, sem tocar em um único fuzil, ele salvou a vida de 64 homens sob o fogo inimigo em batalhas em Okinawa.

Existe uma consciência que é opressora, imposta pela aprendizagem social tradicional e que tenta governar você por dentro. Mas como? Instalaram um programa de supervisão sobre os valores e você os assumiu como seus. Mas em você também se move e respira outra consciência, mais livre e menos contaminada: uma maneira de enxergar a realidade que não é dependente dos prêmios e das sanções externas, e sim de um processo pessoal de seleção racional. Quando criança, você engolia tudo, não tinha estrutura cognitiva para discordar; mas agora tem. Não acredite em quem disser que discordar é quase um pecado.

Procure em seu interior, nesse reduto no qual descansam as crenças que foram resultado dos bons ensinamentos, e reafirme-as. Ao mesmo tempo, livre-se daquelas que o limitam e promovem culpa por quase tudo que faz e pensa; jogue-as no lixo reciclável. Talvez você diga que nem sempre isso é possível, e é verdade. Às vezes, o preço é difícil de pagar ou o apego a essas maneiras de pensar é muito forte. Mas vale a pena tentar para não se arrepender, depois, de ter traído a si mesmo.

Vejamos um caso.

Um paciente meu havia concordado em ser "espião" para seu chefe no trabalho. Prometeram a ele uma promoção e mais dinheiro se levasse aos diretores informações sobre quem tivesse "pouca adesão à empresa" e criasse um "ambiente laboral ruim". O homem aceitou, mas logo surgiu uma contradição moral muito difícil de manejar: por um lado, achava que devia responder financeiramente por sua esposa e filhos, e, por outro, sentia-se um traidor levando e trazendo informações. Esse desajuste entre mente e emoção foi se tornando cada vez mais insuportável e, em pouco tempo, um quadro depressivo piorou as coisas. Diante de tal situação, decidi introduzir no tratamento algumas leituras de Epiteto. Uma frase, em especial, chamou sua atenção e nos permitiu confrontar o problema sob uma perspectiva ética. A filosofia quase nunca oferece soluções concretas, mas abre portas que conduzem a novas formas de ver o problema. A frase de Epiteto foi a seguinte: "É você quem deve examinar o que lhe é digno, não eu. É você quem conhece a si mesmo, quem sabe quanto vale para si mesmo e por quanto se vende: cada um se vende a um preço".

Em uma sessão, falamos sobre isso:

Paciente (P.): Esse negócio de "quanto vale" me impactou. Nunca pensei nisso... Você tem um preço?
Terapeuta (T.): É possível, mas não me vi obrigado a saber qual é.
P.: Isso não é ruim?
T.: Isso o quê?
P.: Ter um preço.
T.: Acho que o perigoso é outra coisa. Uma vez, li que um ministro, não me lembro da sua nacionalidade, abandonou o cargo dizendo: "Renuncio porque estão se aproximando do meu preço". É uma demonstração de grande honestidade, porque ele não se deixou comprar e, ao mesmo tempo, reconheceu que tem um preço. Talvez a conservação dos princípios seja mais não se deixar comprar que não ter um preço.
P.: Mas é a minha família... Procurar outro emprego... meu Deus...
T.: Converse com eles, diga a verdade; demonstre como se sente e veja o que eles dizem.
P.: Mas... eu não deveria resolver o problema sozinho?
T.: Por quê? Se eles o amam, vão querer participar.

Com o avanço da terapia, ele foi descobrindo algo que à primeira vista pode parecer elementar, mas que não havia assimilado corretamente: sua família preferia passar necessidade a vê-lo envolvido em algum tipo de corrupção moral; preferia comer menos a vê-lo sofrer; preferia trabalhar mais e vê-lo sorrir com a cabeça erguida; enfim, queria que ele "não se vendesse". Ele foi ficando mais consciente de qual era o estilo de vida que queria ter e de quais princípios não devia abrir mão. Por fim, não foi demitido; ele pediu demissão e saiu de cabeça erguida. Hoje, trabalha por conta própria. Eu acrescentaria à reflexão de Epiteto: *se não é capaz de não ter preço, ponha-o tão alto que nunca ninguém consiga pagá-lo*. Enquanto isso, deixe-se levar por suas convicções mais profundas, alimente-as e pratique-as.

PARA PENSAR NO ASSUNTO

Quando um valor ou um princípio é verdadeiro, é impossível negociá-lo ou ignorá-lo, porque seria como se opor à sua essência. Os valores *são motivações essenciais, interesses radicais e extremos, que irremediavelmente nos impulsionam a nos comportarmos em concordância com eles e a defendê-los*. Eles incitam sua humanidade e dizem: "Escute! Não está escutando? Estamos aqui!".

Ninguém pode afetar sua liberdade interior sem sua permissão

Quero insistir em um ponto e expandi-lo: *existe uma liberdade interior que lhe pertence, que ocorre no espaço reduzido e exclusivo de sua intimidade, onde ninguém mais entra*. Ela é a dor de cabeça dos meios de controle e dos poderes de fato, porque eles adorariam fazer o papel de polícia do pensamento. Mas façam o que fizerem, não poderão entrar nessa "cidadela interior" se você não abrir a porta. Eles simplesmente nunca vão saber o que acontece ali dentro, porque, nesse último recanto de sua mente, essa liberdade interior nunca poderá ser subjugada. Tentarão interrogá-lo por meio de pesquisas de todo tipo, colocá-lo no estrado psicológico dos inquisidores de plantão, lê-lo por fora e interpretá-lo, mas a última palavra é sua; o sim ou não definitivo. Quando se trata de sua liberdade interior, você não precisa dizer o que pensa nem revelar seus sentimentos: a verdade é a que você quiser que se saiba. É seu segredo de justiça: nesse lugar, não há obediência que valha, salvo a obediência a si mesmo.

> EXERCÍCIO: CERTAS COISAS SÓ DEPENDEM DE VOCÊ, NÃO IMPORTA O QUE DIGAM
>
> Anthony de Mello, em um de seus breves textos, descreve de maneira eloquente como há certas coisas que ninguém pode lhe exigir na marra, simplesmente porque dependem *exclusivamente* de você. Leia-o com cuidado e aprofunde-se nele. Copie cada frase em uma caderneta e leve-a consigo durante um tempo para refletir. Analise como poderia ou não acontecer o que elas dizem. Se pensar bem, sem dúvida verá que já foi vítima dessas imposições. Durante esses dias de reflexão, procure em sua memória se alguma vez já fingiu para fazer o outro acreditar que você seguia as ordens dele, não importa a idade. Ninguém pode fazer você sentir algo que não sente, se você não quiser. O texto diz, em tradução livre (a obra *One minute nonsense* não foi traduzida para o português):
> *Podem obrigá-lo a comer,*
> *mas não a sentir fome;*

> *podem obrigá-lo a se deitar em uma cama,*
> *mas não a dormir;*
> *podem obrigá-lo a elogiar uma pessoa,*
> *mas não a sentir admiração por ela;*
> *podem obrigá-lo a contar um segredo a alguém,*
> *mas não a sentir confiança;*
> *podem obrigá-lo a servir a uma pessoa,*
> *mas não a amá-la.*

Esse mundo emocional particularizado lhe pertence. É composto de representações de pensamentos misturados com sentimentos que às vezes dirigem sua conduta com uma força incrível. É para ele que a mídia, o marketing e a propaganda apontam. Pretendem ativar essas emoções vitais para que você aja de maneira impulsiva e se sinta feliz com isso. Mas toda emoção, exceto algumas poucas que são herdadas, é ligada ao cognitivo. Ou seja, há um lugar para a vontade. Por enquanto, as melhores estratégias que conhecemos para enfrentar os *big data* e os algoritmos são manter a atenção plena em relação a si mesmo e fazer uso de um pensamento altamente crítico.

A premissa: *se você tiver o ponto de controle interno em pleno funcionamento, a autodireção de sua conduta aumentará substancialmente, os ventos não serão tão determinantes na definição da travessia.* Uma mente empoderada, ousada, ciente de sua singularidade, desobediente e inconformista (livre pensadora) será muito, muito mais difícil de convencer. Como você verá no próximo tópico, tentarão arrastá-lo de todas as maneiras possíveis e massificá-lo; mas, se você tiver um autoconhecimento sólido e uma personalidade/individualidade bem estruturada, a sedução não o atingirá.

De tudo isso, você pode tirar uma conclusão fundamental para a integridade de sua individualidade: *viva segundo as leis que sua consciência dita*. O poeta Arturo Graf dizia: "Se você não tem liberdade interior, que outra liberdade poderá ter?". Quanta razão!

As consequências negativas da obediência cega

Como já foi dito, existe um número considerável de figuras ou modelos de autoridade, promovidos pela cultura, cujas diretrizes se espera que sigamos sem reclamar. Isso é conhecido na psicologia social como *viés de autoridade*.

Em 1961, na Universidade de Yale, o psicólogo Stanley Milgram realizou um experimento sobre as relações entre autoridade e obediência. Seus achados foram impactantes e surpreendentes, o que fez com que o experimento fosse replicado em diversas partes do mundo, com resultados praticamente iguais. Pediram a cada sujeito que desse choques elétricos em outra pessoa que ficava em uma sala anexa respondendo a perguntas. Eles receberam a informação de que se pretendia investigar como o castigo influenciava a aprendizagem. Na realidade, os choques elétricos eram simulados (não reais), coisa que os sujeitos do experimento não sabiam. A cada erro, eles tinham que aumentar a intensidade das descargas elétricas, que iam desde uma baixa intensidade até 420 volts, sinalizada como muito perigosa. A partir de certo nível de corrente elétrica, a pessoa supostamente eletrocutada (que era, na verdade, um ator) gritava e suplicava que acabassem com o experimento porque tinha problemas de coração. Muitos dos sujeitos que aplicavam o suposto estímulo repulsivo se incomodavam ou se estressavam quando ouviam a outra pessoa gritar, e pediam para que o estudo fosse interrompido. O diretor, de jaleco cinza, limitava-se a dizer: "Por favor, continue", "O experimento exige que você continue", "Não há opção, continue".

O que você teria feito: obedeceria e continuaria ou se recusaria e sairia do laboratório?

Pois a maioria obedeceu. De todas as pessoas, 63% chegaram à voltagem máxima, debaixo da qual havia três grandes "X" e as palavras: "Altamente perigoso". Lembre-se de que os participantes não sabiam que era tudo encenação; achavam que estavam mesmo aplicando choques elétricos! Eles obedeceram ao doutor Milgram, uma autoridade na matéria, avalizado pela Universidade de Yale.

Os prognósticos, antes do estudo, eram de que os "castigadores" desobedeceriam às instruções de continuar a partir de mais ou menos 130 volts, e que apenas 0,1% chegaria aos 420, e isso porque eram sádicos. Mas não foi isso que aconteceu.

Parece que um número considerável de pessoas é capaz de obedecer e machucar outras se uma figura de autoridade/prestígio significativo solicitar isso a elas. Nas pesquisas que normalmente são aplicadas antes do experimento, para questionar sobre o que cada pessoa faria ao se deparar com a ordem de seguir em frente apesar da dor causada a alguém, quase todos os entrevistados afirmaram que teriam saído imediatamente, mas, na prática, o resultado é consistente e contrário às "boas intenções" das pessoas: a maioria continuou aplicando os choques.

Esse estudo foi replicado na Espanha nos anos 1980 e obteve uma taxa de obediência à autoridade de 90%. E, cinquenta anos depois do primeiro experimento, foi repetido na Polônia, com o mesmo resultado da Espanha.

Se quiser, veja o filme *Experimentos*, que conta essa história. Não espere ver um ótimo filme, mas encontrará informações sobre o experimento que talvez sejam úteis para você.

PARTE III

NÃO HÁ COMO VOCÊ SER COMO A MAIORIA: DEFENDA E REAFIRME A SUA SINGULARIDADE

> *Se todos puxássemos na mesma direção, o mundo tombaria.*
> **PROVÉRBIO JUDAICO**

Para além da multidão está você, em estado puro, sem máscaras e fiel à sua natureza, à *individualidade que o singulariza e o diferencia dos demais*. A vida, como dizia Espinoza, "persevera em seu ser"; no ser dela e no *seu*. Ela quer obstinadamente que você seja você mesmo, sempre e sem desculpas.

Na sociedade, uma multidão de gente se funde com o restante, criando uma espécie de espírito de colmeia, que privilegia o impessoal e o uniforme. O "diferente" é excluído por decreto e é visto como suspeito, incômodo ou invasivo. Se seu caminho não leva a Roma, dirão que você é esquisito, louco ou um antissistema, mesmo tendo jogado a ideologia pela janela há anos.

A cultura, por todos os meios possíveis, utiliza a propaganda e lhe sugere: "Venha, entre no rebanho e seja como a maioria. Não se afaste da confraria universal e da proteção que lhe oferecemos". O problema é que, se apagar suas marcas de identidade psicológica e emocional, você deixará de existir enquanto indivíduo e passará a ser um dado estatístico. Mesmo assim a cultura insiste, como um mantra hipnótico e sectário, e a mensagem vai penetrando: "Não haverá sanções sociais e você não estará mais sozinho. Lembre-se: a união faz a força".

A pergunta é: você prefere ser padronizado ou diferenciado? A alternativa não é como a venderam para nós: "Ou estamos imersos *totalmente* na sociedade ou estamos *contra* ela e os outros". Há uma terceira via: "Participo da vida social e colaboro com o bem comum, mas sendo EU MESMO". Assim, com letras maiúsculas. Significa estar com seus semelhantes, mas sem se esquecer de si. Você não é mais nem menos importante que ninguém. Em algumas coisas vai concordar com a maioria e, em outras, não, mas você escolherá e decidirá sobre si mesmo.

PARA PENSAR NO ASSUNTO

Você é ou tenta ser uma pessoa autônoma? Vamos analisar a seguinte definição de *autonomia*, para ver se lhe serve: "Faculdade da pessoa ou entidade que pode atuar segundo seu próprio critério, com independência da opinião ou desejo dos outros". Não se distraia, leia de novo. A chave é a palavra *independência*. Nada mais, nada menos: independência para expressar sua particularidade e o que você é de verdade. E faz referência à influência dos outros. Não deixe que a opinião dos outros e o que dirão o afetem! Contudo, para você pensar também, a palavra *heteronomia*, antônimo de autonomia, significa estar sujeito a um poder externo, que em geral nos envolve para que pensemos com os demais em bloco.

Agarre-se ao que você tem de mais genuíno. Esta frase, atribuída a Epicuro, é categórica e inspiradora: "Rico entre os homens é aquele que basta a si mesmo". Bastar a si mesmo é assumir a responsabilidade de gerenciar sua vida de modo integral e sem desculpas.

A riqueza está em não depender desnecessariamente de nada nem de ninguém. Como eu disse antes: a autossuficiência do sábio.

Antes de se aprofundar na terceira parte, sugiro que, como uma maneira de sintetizar muito do que dissemos até agora, você leia o seguinte manifesto de autoafirmação. Se não gostar, invente um, mas, se achar que o representa, leve-o consigo e releia-o quando sentir que estão roubando sua singularidade.

> MANIFESTO DE AUTOAFIRMAÇÃO
>
> Quero viver minha vida. Esta vida minha, privada, íntima, pessoal. Quero pôr em funcionamento meus sonhos e me reger por meus gostos, minhas ideias e minhas inclinações, respeitando a individualidade dos outros e sem me autodestruir. Eu me esforçarei para afirmar os valores, os sentimentos e as sensibilidades que me caracterizam. Não vou me complicar pensando no que faria se fosse outra pessoa, nem esperando que a maioria valide e aprove quem sou. Cada coisa que eu decida modificar ou criticar em mim, eu o farei com carinho, sem maltratar minha pessoa, sem me castigar. Sei que na bagunça de minha existência, ser único e ímpar não me outorga nem um pouco de grandiosidade. O bom não é ser um narcisista doentio, e sim poder ativar meu potencial e essa exclusividade que sinto cada vez que respiro.
>
> Viverei em sociedade, mas sem renunciar às minhas opiniões pessoais. Eu vou me opor a qualquer tentativa de anular meu direito a ser como sou, e a seguir docilmente os que tentam moldar e domesticar minha mente. O diferente não me assustará e o marketing do igualitário não me seduzirá. Serei resistente diante de

> qualquer tipo de persuasão social para que não me arraste para onde ela quiser. Guiarei minha conduta, mesmo que isso enfureça os controladores de sempre. Jamais negociarei a capacidade de pensar por mim mesmo.

EXERCÍCIOS E RECOMENDAÇÕES PARA ASSEGURAR E DEFENDER SUA SINGULARIDADE

A arte de ser uma "ovelha negra"

"Ovelha negra" é aquela que quebra as regras e não segue o rebanho. Sem demora, inesperadamente, ela se desgarra, pega um caminho que não estava programado pelo pastor. Ele grita e ergue a vara, o cão pula e late ao redor da ovelha, mas ela parece decidida. Há uma ruptura com o rebanho, com seus congêneres e com a norma que até esse momento regulava a condução do grupo; ela desvia, dirige a si mesma. Continua sendo uma ovelha, mas singular e diferente das outras, porque rompe o costume e foge às regras.

Se a "ovelha negra" persistir em seu propósito, porque o instinto de liberdade que tem é muito forte, ela se tornará uma pedra no sapato do pastor, que terá de persegui-la e capturá-la.

Se a questão prosseguir, ficará claro que a "desajuizada" se rebelou, que não segue ordens e que os métodos que funcionam para manter as outras controladas não funcionam com ela. O animal parece ter criado um novo marco de referência que o leva a insistir em viver de outra maneira. Contudo, como costuma ocorrer, é capturado e levado de volta à clausura, com o grupo. Uma vez ali, as colegas a olham impávidas, como que dizendo: "O que deu nessa louca?".

A "ovelha negra" está agitada, olha para fora do cercado e pensa: "Não consegui, mas valeu a pena tentar".

Uma poesia do poeta francês Paul Fort, *Songe d'une nuit d'été* [Sonho de uma noite de verão], que já citei em outros momentos e que vem ao caso agora, reafirma essa ideia básica de liberdade. Ei-la, em tradução livre:

> *A rosa livre da montanha pulou de alegria esta noite,*
> *e todas as rosas do campo e de todos os jardins gritaram:*
> *"Saltemos, com joelho leve, minhas irmãs, sobre as grades!*
> *Vale a pena o regador do jardineiro perto de uma névoa brilhante?"*
> *Vi na noite de verão, por todas as estradas da terra,*
> *rosas correndo de seus canteiros em direção a uma rosa em liberdade!*

Como não tomar partido da ovelha e das rosas que querem andar por conta própria?

Quando pretenderem dilui-lo na multidão para que seu "eu" não atrapalhe, resista e desobedeça. As rosas fugiram para a liberdade, a ovelha quase conseguiu, nenhuma delas ficou de braços cruzados. Afinal, se tiram sua singularidade, roubam-lhe a alma. Mas você deve ter em mente que quando sair do pelotão, disparará o alarme e começarão a pressioná-lo, colocarão cartazes e tentarão classificá-lo com uma infinidade de estereótipos.

EXERCÍCIO: UMA TAREFA MUSICAL

Uma canção de Georges Brassens, *La mauvaise réputation* [A má reputação], diz em uma estrofe (em uma versão brasileira): "Essa gente detesta quem não segue as ordens de ninguém". Como já disse, manter a fé e suas crenças mais íntimas diante das pressões externas requer um esforço pessoal considerável. Mas quando conseguir ser dono de si mesmo e agir segundo seus verdadeiros critérios pessoais, sem complexos nem dependências, ninguém poderá detê-lo.

Georges Brassens foi um cantor e compositor francês de música popular e de protesto dos anos 1960 e 1970, reconhecido e interpretado em muitas partes do mundo. Há várias versões de *La mauvaise réputation*. No YouTube,[2] você pode encontrar uma em português. Ouça-a sem preconceitos e com humor. Destaque as frases que lhe chamem a atenção, curta a canção. Tire suas conclusões. Apesar de ser uma canção de outra época, certas coisas nunca saem de moda.

Estar entre as pessoas buscando aprovação social toma muito tempo mental e requer muito esforço. Quando fazemos isso, perdemos a nós mesmos. Mas, às vezes, acontece algo excepcional: o cansaço e a tomada de consciência dão as mãos. Então, você tira o uniforme que lhe colocaram desde pequeno, que parece mais um espartilho ou um escafandro, e começa a se mexer à vontade: passa a ser você mesmo a cada pulsação, a cada inspiração de ar. Não haverá obstáculo que o detenha.

PARA PENSAR NO ASSUNTO

Não se sinta mal se suas preferências não forem sociáveis. Os três nomes que a sociedade tem para aqueles que

---

[2] KRIEGER, B. "A má reputação" [la mauvaise réputation, de Georges Brassens 1952]. YouTube, 4 nov. 2017. Disponível em: https://www.youtube.com/watch?v=URb1YyngP_M. Acesso em: 30 jan. 2024.

considera singulares ou diferentes são: *bicho estranho, ovelha negra* e *patinho feio*. Que digam o que quiserem, o que realmente deve importar é que você possa exercer o direito *ao desenvolvimento de sua livre personalidade,* tal como consta da Constituição de um grande número de países. É como uma corrente que sai de um grande rio. O que lhe peço é autoafirmação: tenha consciência das capacidades, habilidades e virtudes que possui. São suas. Usufrua de sua independência. Faça de sua vida uma obra de arte, mas da qual você, acima de tudo, goste. Você não é um inseto esquisito, não bale como as ovelhas e não grasna como os patos. Você fala, comunica, ama, luta, e, enquanto faz essas e outras coisas bem humanas, assume o controle de sua vida.

Aprenda a desaparecer na multidão sem deixar de ser quem você é

"A natureza gosta de se esconder", dizia Heráclito. Já sentiu o prazer de se perder na multidão, sendo você mesmo mais que nunca? Quando anda entre as pessoas brincando de ser invisível, a sensação de estar escondido se transforma em uma espécie de malícia voyeurista. Você é anônimo: observa e passa despercebido. Olha as pessoas que cruzam seu caminho, inventa histórias sobre elas em sua mente, imagina a vida que têm ou escaneia o corpo delas. Ninguém sabe o que você pensa, nem imaginam. A impressão que lhe dá é que você é indomável.

Ninguém sabe seu nome nem sua ideologia nem com que trabalha; porém, você vai com elas pelas mesmas ruas. É maravilhoso se sentir transparente na multidão e tomar consciência de que, embora muitos "eus" o cerquem, o seu é intocável.

> **EXERCÍCIO: ANDAR SOBRE AS ÁGUAS DA MULTIDÃO**
>
> Faça isso de vez em quando. Vá até uma rua movimentada e ande sobre as águas da multidão. Deixe que a tropa passe ao seu lado como se você não existisse. Ah, a bela indiferença! De vez em quando, tome um banho de almas, amontoe-se a elas sem chamar atenção. Ande sorrateiramente em cumplicidade com sua mente. Curta o imenso prazer de ser abertamente "você para si mesmo" e clandestino para esse público que jamais saberá nada a seu respeito. Ah, e pode cantar ou assobiar enquanto caminha. Que maravilha ser ignorado e poder ser quem você é por dentro, desavergonhadamente e com suas perversões! Em sua cidadela interior, nesse reduto de intimidade onde você reina e ninguém mais cabe sem seu consentimento, você está seguro e solitário, enquanto tudo se agita ao seu redor. No anonimato, você cria uma cumplicidade maravilhosa consigo mesmo.

Mesmo que você tenha grupos de referência com os quais interage, uma coisa fica clara: sua singularidade é como uma pegada vivencial que o identifica. A maravilha da existência é que, apesar de a vida se multiplicar e se expandir, você continua cultivando sua individualidade. Os estoicos diziam que somos uma *centelha divina*, e alguns mestres orientais dizem que o sábio é uma *chama viva*. Segundo um conto de Eduardo Galeano, somos "fogueirinhas" que brilham com intensidades diferentes. Em *O livro dos abraços*, o escritor uruguaio escreve um conto denominado "O mundo".[3] Leia-o e permita-se incendiar-se.

---

3 GALEANO, E. *O livro dos abraços*. Trad. Eric Nepomuceno. São Paulo: L&PM Editores, 1991.

O MUNDO

Um homem da aldeia de Neguá, no litoral da Colômbia, conseguiu subir aos céus. Quando voltou, contou que havia contemplado, lá do alto, a vida humana. E disse que somos um mar de fogueirinhas.
— O mundo é isso — revelou. — Um montão de gente, um mar de fogueirinhas.
Cada pessoa brilha com luz própria entre todas as outras. Não existem duas fogueiras iguais. Existem fogueiras grandes e fogueiras pequenas e fogueiras de todas as cores. Existe gente de fogo sereno, que nem percebe o vento, e gente de fogo louco, que enche o ar de faíscas. Alguns fogos, fogos bobos, não iluminam nem queimam; mas outros incendeiam a vida com tamanha vontade que é impossível olhar para eles sem pestanejar, e quem chegar perto pega fogo.

PARA PENSAR NO ASSUNTO

Deixo esta reflexão do escritor estadunidense Ralph Waldo Emerson, para que você também reflita (troque, se quiser, a palavra "homem" por "mulher"):
É fácil viver no mundo seguindo os seus ditames; é fácil viver em solidão *segundo nossos próprios ditames, mas o grande homem é aquele que, no meio da multidão, mantém com impecável doçura a independência da solidão.*

Não se deixe arrastar pela pressão do grupo

Aqueles que hoje ostentam o poder são mais inteligentes que seus antecessores: eles o fazem acreditar que você manda, uma vez que lhe infiltram o esquema que lhes interessa. Basta ver o tumulto que se cria nas grandes lojas de departamentos em dia de liquidação para ver que alguém mexe os pauzinhos. Uma vez, fui com uma tia minha, fanática por esses "descontos ilimitados", e pude ver como era. Literalmente, você é arrastado, ou a multidão passa por cima. As pessoas, desesperadas, começam a enfiar qualquer coisa no carrinho, mesmo que não precisem, "porque está muito barato". Como viciados, consomem de tudo e compulsivamente. Há uma infinidade de casos semelhantes em diferentes ordens da vida. É como se tivessem um chip dentro delas que mandasse nelas.

Por que tendemos a repetir o que faz a maioria? Em um concerto, diante de uma demonstração de talento dos intérpretes, alguém no público grita "Bravo!" e aplaude freneticamente; você verá que, um instante depois, todos começam a fazer o mesmo. Como uma bola de neve, a propagação também o atinge e, então, você se levanta e se junta à ovação... talvez não entenda nada de música clássica, mas se junta ao resto.

Por quê? No mínimo, por duas razões:

- A primeira tem a ver com o *medo de ser avaliado negativamente pelos outros* (por exemplo: "Esse aí não sabe nada de música, por isso fica sentado em silêncio"). Quanto maior for sua necessidade de passar uma boa imagem, pior. O "castigo" por não seguir determinadas convenções sociais assume variadas formas: crítica, exclusão, estigmatização ou deboche. Por exemplo, se em uma reunião de amigos todos caem na gargalhada depois de uma piada e você nem se altera porque não achou graça, é possível que digam que você não tem senso de humor. Isso não lhe importará se você for uma pessoa segura de si e tiver uma boa autoaceitação. Mas haverá pressão dos risonhos e mais ainda se a situação se repetir. Em outro caso, suponhamos que você não pula desenfreadamente como os outros em uma festa louca, dado que tem um caráter mais pacato ou porque não está a fim. Então, é provável que o avaliem como uma pessoa "amarga", e não faltará quem se aproxime e lhe pergunte em tom benevolente: "Aconteceu alguma coisa?". Assim como no caso anterior, esse comentário não deveria lhe importar, posto que seu bem-estar não depende de como os outros o classifiquem. Enfim, ser politicamente incorreto traz consequências sociais negativas que nem todas as pessoas conseguem aguentar.

- A segunda se refere a uma crença irracional em psicologia, chamada "prova social", que afirma o seguinte: *quanto mais pessoas afirmam que uma ideia é correta, mais correta será essa ideia*. A afirmação "todo mundo faz", como uma justificativa, é, sem dúvida, uma falácia. O fato de um comportamento se generalizar nada tem a ver com sua validade racional ou moral. Facundo Cabral dizia, com seu humor ácido genial: "Dez milhões de vacas não podem estar erradas: coma grama". É a filosofia do rebanho em escala humana: façamos o que os outros fazem, não pensemos demais, somos um grupo compacto, sólido, homogêneo, irredutível: somos um! O lema é: "Eu me comporto adequadamente quando me comporto como os outros". Por isso, quando assumir um papel diferente e tomar uma decisão que não está de acordo com o conjunto ou com seu grupo de referência, é possível que você hesite: "Será que o errado sou eu, visto que estou indo contra a corrente?". A tribo manda, quase sempre. E o "quase", nesse caso, significa que é possível que alguém fuja à norma.

A SUJEIÇÃO AO GRUPO

Um experimento do psicólogo Solomon Asch, realizado em 1950 e repetido muitas vezes ao longo dos anos, mostra como a pressão do grupo pode subjugar uma pessoa. Eu mesmo repliquei o estudo de Asch em terapias de grupo e em diversos cursos, obtendo o mesmo resultado. A tarefa é muito simples: trata-se de comparar uma linha de referência com três de extensões diferentes e dizer qual das opções é igual à amostra. O sujeito do estudo entra em uma sala com um grupo de atores (fato que ele não sabe) e se senta com eles a uma mesa. A seguir, cada participante vai dizendo em voz alta qual das três linhas é igual à do modelo. Na realidade, a resposta correta é muito fácil de determinar; porém, o experimento está planejado para que ocorra algo inesperado. Em um dado momento, todos os atores começam a apontar como correta uma linha evidentemente errada. A princípio, o sujeito do estudo fica chocado e oferece certa resistência à pressão do grupo, mas em pouco tempo, mesmo sabendo que a resposta está errada, junta-se à maioria. A conclusão de todos os experimentos realizados é praticamente a mesma: cerca de 40% das pessoas se deixam influenciar pelo que dizem os atores em uma situação na qual a resposta correta é indiscutível. Eu o convido a realizar a atividade seguinte para enxergar isso de maneira mais evidente.

EXERCÍCIO AUDIOVISUAL: O EXPERIMENTO DE ASCH

Veja no YouTube dois vídeos curtinhos sobre o experimento de Asch. É incrível ver como o sujeito se adapta à maioria. As pessoas tendem a dizer que, no lugar dele, não se deixariam influenciar. Mas nunca se sabe. Muitos disseram o mesmo e, no fim, cederam.

O primeiro vídeo se chama "Conformidade: experimentos clássicos de Solomon Asch".[4]
O segundo é "Experimento de conformidade de Asch".[5]

EXERCÍCIO AUDIOVISUAL: O CORDEIRO QUE HABITA EM NÓS

Depois de tirar suas conclusões, sugiro que veja outro vídeo de uma pesquisa social mais recente, sobre a influência do grupo em uma pessoa que aguarda sua vez em uma sala de espera. O vídeo viralizou e o conteúdo o surpreenderá. Pense no que você faria...
Procure no YouTube o vídeo: "Conformidade social – O experimento em uma sala de espera".[6] Não é truque, é real. Nesse experimento social, assim como em centenas de outros já realizados, fica claro até que ponto as pessoas se moldam às outras e acabam se comportando igual, sem saber por quê. Como veremos mais adiante, a criação de paradigmas segue um caminho parecido.

Reverta os automatismos com atenção plena

A pressão do grupo ocorre minuto a minuto em nossa vida cotidiana, quase sempre de maneira sutil e praticamente invisível aos olhos.

---

[4] CAMPOS, V. Conformidade: experimentos clássicos de Solomon Asch. YouTube, 29 fev. 2016. Disponível em: https://www.youtube.com/watch?v=F11F1cHakPM. Acesso em: 30 jan. 2024.

[5] CETICISMO_NET. Experimento de conformidade de Asch. YouTube, 23 set. 2017. Disponível em: https://www.youtube.com/watch?v=HL4_T9AFHwU. Acesso em: 30 jan. 2024.

[6] ACVITORIO. Conformidade social – o experimento em uma sala de espera. YouTube, 9 abr. 2016. Disponível em: https://www.youtube.com/watch?v=IuVeT1NjqbE. Acesso em: 30 jan. 2024.

Quando nos comportamos de maneira mecânica e sem tomar consciência do que estamos fazendo, é o condicionamento que está mandando. Talvez você diga: "Mas o que eu posso fazer se esse controle passa despercebido por mim?". Há uma alternativa: *usar a atenção plena*. Assim, você aprenderá a não aceitar tudo passivamente, a se questionar, a duvidar e a não ser submisso. Às vezes, é preciso deixar esfriar os processos mentais (cabeça fria) para se observar melhor e perceber a tempo quando os outros começam a arrastá-lo.

EXERCÍCIO: SEIS PASSOS PARA NÃO AGIR MECANICAMENTE

O primeiro é se perguntar se você tem consciência do que ocorre em seu interior e seu entorno. Se direcionar para fora toda sua capacidade de atenção, faltará o detector interno, e vice-versa. Não digo que é preciso observar tudo de modo obsessivo. Lembre-se de que na maior parte do tempo agimos mecanicamente porque isso, talvez, seja o mais adaptativo devido à economia de tempo. Mas isso nos aliena quando foge ao controle. Você precisa ter consciência completa de seu ser.

O segundo é analisar se aquilo que faz responde a seus verdadeiros desejos e crenças ou simplesmente você se deixa levar. Pergunte: "Eu me comporto como acho que devo ou estou seguindo instruções de algo ou alguém?". Se for assim, pergunte: "Eu concordo? Ajo conforme minha vontade ou me sinto obrigado?".

O terceiro é analisar se o que está fazendo tem algum sentido ou se parece mais um comportamento inexplicável, absurdo ou perigoso. Como você viu no vídeo da sala de espera, se cada vez que tocam um sinal você se levantar sem saber por quê, e sua resposta for "todo mundo faz isso", não está certo. Também não vale dizer "É o costume", porque, como você verá na quarta parte, existem tradições racionais e outras que são inaceitáveis porque atentam contra a dignidade humana.

O quarto é aceitar internamente que não são os outros que o validam enquanto pessoa, e sim você mesmo. É entender que você tem direito a não concordar e a expressar seu desacordo. É fácil falar, mas para aplicar, é preciso coragem e avaliar se você prefere evitar o medo e se submeter ou andar com a cabeça erguida e sentir a adrenalina correndo por suas veias.

O quinto é saber que, se decidir romper o condicionamento e se desapegar dele, é bem provável, como já apontamos antes, que tenha de assumir um custo social por isso. Você está disposto?

O sexto é confirmar tudo o que foi dito anteriormente, como uma maneira de se comprometer com a decisão, ou seja: *com verdadeira convicção e em pleno uso de suas faculdades mentais, levado por uma atitude arrazoada e correndo o risco de sofrer uma sanção social por não ser como os outros querem que seja.*

Nota: Às vezes, a extinção do condicionamento parece não seguir nenhuma sequência preestabelecida. Mais que "extinção", é uma ruptura categórica e imediata. É como um salto qualitativo. Ocorre quando a situação fere seus valores mais íntimos e, então, os princípios tomam as rédeas, sem pensar muito. Disparam como uma mola energética. É a parte mais básica do seu corpo que decide, e a indignação que o guia. Por exemplo, a experiência do "quatro-olhos" que citei na segunda parte.

Não se deixe seduzir pelas *curtidas*:
abra espaço em sua vida para o "diferente"

Privilegiamos e preferimos, mais que nunca, aquilo que "se parece conosco" a aquilo que é estranho ou diferente. E digo "mais que nunca" – pois esse negócio de se agrupar por semelhança sempre existiu – porque algumas redes sociais multiplicaram isso de maneira exponencial: criaram uma cultura de curtidas e uma tendência ao igual. A mão com o polegar para cima – ou o coração – não só alimenta o ego de quem a recebe, como também incentiva a descartar aqueles que mostram uma discrepância com o que pensamos. Há exceções (nem todo mundo que usa a internet e as redes sociais se deixa dominar por elas), mas muitas pessoas constroem um mundo virtual sob medida, uma fortaleza informacional seletiva na qual a oposição e os estranhos não são bem-vindos e irritam. É a apologia dos "nossos".

Para defender sua individualidade, não permita que essa "filosofia do igualitário" o capture, e fomente o contrário: seja líder de sua própria causa e aceite a diferença como algo natural e positivo. O debate nutre (apesar de não ser mais tão usado), a discussão amistosa com alguém contrário nos faz pensar em coisas que talvez não nos houvesse ocorrido. A mente é um músculo; se não for trabalhada, atrofia. Quero deixar aqui um pensamento que aprendi em bioética e que, se o aplicar, fará com que sua mente se abra mais para o novo: "mais vale um desacordo amigável que uma concordância preguiçosa". Para que fique mais claro: a concordância preguiçosa o obriga a dar a mão a alguém por pura formalidade ou medo de discordar; o desacordo amigável produz respeito e autorrespeito. Você escolhe.

A singularidade incomoda muita gente, dado que oferece resistência à padronização humana e nos afasta do mundo feliz do "tudo sai redondinho porque não há divergência". Se entrar no universo das redes sociais e praticar a obsessão pelo igual, sua identidade começará a ser absorvida pela massa. Você pensará tanto antes de dar uma opinião que não dirá nada.

Rejeitar o diferente, além de adormecer o cérebro, como veremos mais adiante, é um fertilizante para o crescimento da discriminação de todo tipo. Um exemplo típico é a desconfiança que um estrangeiro provoca, apesar de não termos tanta consciência disso. Poderíamos chamar isso de "microxenofobia", pois mal se nota, mas existe.

Certa vez, eu estava na fila para pedir um café em uma cidade latino-americana. À minha frente havia um homem muito alto, de bermuda, sandálias e camisa para fora – uma maneira de vestir que não tinha a ver com o costume do local. Ele era branco como o leite, tinha sardas por todo lado e falava com um sotaque que não passava despercebido. Quando chegou ao balcão, a conversa que se deu com a garota que lhe atendeu foi mais ou menos assim – tentarei reproduzi-la sendo fiel à minha memória:

Atendente: O senhor é de onde?
Homem: Da Austrália.
Atendente: Lá as pessoas se vestem assim?
Homem: *(Sem saber o que dizer.)* Eu... sim...
Atendente: Eu o vi e achei esquisito: a aparência, a altura, as sardas e o cabelo vermelho. Aqui somos muito diferentes.
Homem: *(Tentando sorrir)* Sim, claro...
Atendente: Faz muito tempo que está aqui?
Homem: Cinco anos.
Atendente: *(Com cara de surpresa.)* Ah! Então já é um dos nossos!

O homem assentiu gentilmente, pegou seu café e foi embora. Em um intercâmbio verbal mínimo, a moça lhe disse que ele era esquisito, que se vestia de um jeito estranho e que suas sardas, altura e cor de cabelo indicavam que era de "fora", ou seja, diferente dos outros. Ela também perguntou há quanto tempo ele estava no país, e só então o "aceitou" e disse: "Já é um dos nossos". Isso indicava claramente que, a partir de certo tempo (sabe-se lá quanto), os estrangeiros podiam ser considerados parte do grupo de cidadãos locais. Em outras palavras: nessa conversa foi realçada a condição de forasteiro dele e lhe foi dada a boa notícia de que havia passado em um exame de admissão – do qual, certamente, o homem nem fazia ideia. Acho que o homem não se sentiu confortável, especialmente porque o lugar estava lotado de gente nativa, menos ele e eu. Na hora de pagar, passei despercebido.

Minha vida inteira fui imigrante, e devo reconhecer que os estrangeiros prefeririam que não lhes recordassem tanto sua condição, porque cada vez que o fazem inevitavelmente eles se sentem, mesmo que por um momento, "de outro lugar". Ou como diz o ditado: "sapo de fora não chia". Certa vez, uma mulher me disse: "Parabéns, você já está perdendo o sotaque". Por que diabos eu deveria me orgulhar de perder a tonalidade do idioma em que fui criado? Eu respondi: "Obrigado, mas não pretendo continuar a perdê-lo. Ele me faz lembrar de onde venho".

EXERCÍCIO: UMA TAREFA AUDIOVISUAL

Segundo os psicólogos, o medo do desconhecido pode ser considerado inato, como muitos outros; por exemplo, medo de altura, da separação ou do escuro. A criança, a partir dos 6 meses, começa a reagir negativamente diante de rostos desconhecidos. Isso parece ter sido útil para a sobrevivência da espécie (era preciso se defender dos estranhos e desconfiar deles para proteger as fontes de alimentação e procriação, entre outras). Contudo, na vida atual civilizada, se exagerada, essa emoção perde funcionalidade e, com o tempo, pode provocar xenofobia, classismo, racismo ou qualquer outro tipo de segregação. Quando impomos uma separação ao redor do estrangeiro, das minorias étnicas ou de qualquer pessoa que pense diferente, excluímos parte de nós mesmos. Proponho que veja um vídeo realizado na Lituânia; há uma versão dele legendada em português que se chama: "Experiência sobre racismo".[7] Depois de assistir, acho que você concordará comigo quando digo que a solidariedade não desapareceu totalmente, por sorte, mas corre paralela a uma segregação racial insuportável. Se o sofrimento alheio lhe dói ou o deixa indignado, não basta se "conectar" como se fosse um artefato elétrico; é preciso se "comunicar" e chegar até a mente e o coração dos outros. Quando se comunica, você transforma o outro e a si mesmo. Incluir o diferente não significa necessariamente assumir suas crenças e costumes, e sim aceitar sua humanidade, ou seja, respeitá-lo.

EXERCÍCIO: UM DIA IMERSO NO REAL

Só para os corajosos

Será bem difícil, não é? Você dirá: para quê? Arranjará desculpas, como faz qualquer pessoa dependente de algo ou alguém. Pensará: "É impossível!". Mas não é. Eu proponho que passe um dia longe de toda a conexão gerada pelas redes sociais. Você só poderá aceitar e fazer ligações telefônicas. Não

---

[7] LEGENDADUS. Experiência sobre racismo. YouTube, 18 mar. 2015. Disponível em: https://www.youtube.com/watch?v=xdPioHyt8Iw. Acesso em: 30 jan. 2024.

poderá entrar no Facebook, Instagram, Pinterest, FaceTime, WhatsApp ou qualquer outra rede social. Não postará mensagens nem fotografias e não ficará sabendo o que seus amigos e amigas estarão fazendo, e guardará as fofocas no bolso. Não navegará pelo informacional. O que peço é que aterrisse e se liberte da tecnologia para que possa estar em contato com a realidade e com tudo que o cerca, e não só com seus clones. Deixe-se arrastar por tudo e viva o mundo tal qual é, cheio de desigualdades e diferenças. Percorra as ruas, entre em um bar e tome um café. Não se detenha, continue. Escute as pessoas conversando, olhe para quem passar ao seu lado. Não será gente imaculada como nas redes; as pessoas terão cheiro, transpirarão, olharão para você e se deslocarão ao seu lado, farão barulho ao existir na realidade. Quando expressam emoções, ninguém põe um emoji nelas. Elas ficam vermelhas ou mostram o dedo do meio nos mandando à merda. Mas, às vezes, abrem um sorriso com covinhas ou seus olhos brilham. Ouça os carros, coma e veja os outros comendo. E seus contatos, o que estão fazendo? Você não faz ideia e a vida segue. Você está longe do imediatismo das mensagens. Não está avisando a ninguém o que está fazendo, é só você mesmo experimentando, sem comentários; é sua vivência pessoal e intransferível. Você se "desconectou" de seus iguais para mergulhar de cabeça em uma realidade cheia de seres humanos de carne e osso diferentes. Os gestos, as expressões e as posturas corporais são reais, não reproduções. Incrível, não? Em vez de dizer: "hahaha" ou "hihihi", você dá gargalhada. Não precisa ler a risada, pode escutá-la e ver a cara que a acompanha, perceber a respiração do outro. Observe como o riso faz a cabeça balançar e o corpo parece convulsionar. Ao se afastar um pouco de suas relações virtuais, sem dar nem ter notícias, você reafirma sua individualidade e tenta recuperar as vivências básicas que configuravam e configuram seu eu. Quando sentir o ataque de ansiedade pela síndrome de abstinência, aguente firme, não saia correndo para o celular! Lamento, mas não há analgésicos para sair da Matrix, não há comprimidos vermelhos ou azuis. A melhor solução é se deixar levar pelo interesse, a beleza ou o assombro da realidade que habita. Porque a vida não é asséptica, não é descontaminada nem pode ser adaptada a você; é o contrário. Quando acabar este exercício, anote o que mais o impactou e, por favor, não me odeie. Um detalhe: você notou que se vestiu da cabeça aos pés para sair ao mundo? Cada pessoa com quem cruzou na rua era diferente de você em centenas de coisas. Você se deixou tocar pela diversidade, pelo não semelhante, e não aconteceu nada. Ao contrário; você se acumulou de gente não escolhida, não selecionada por corações e polegares levantados. Essa é a aventura de viver. Se for capaz, faça isso uma vez por semana. Que o exercício se chame agora: "Um dia por semana imerso no real". Compareça a uma palestra presencial, vá a um teatro ou a um debate. Leia um jornal de papel sentado em um banco e respire, respire, respire. Mais uma reflexão: notou a brisa, o frio, o calor, a chuva, os ruídos mundanos? Curta, deixe que a existência o atravesse sem obstáculos. E outra coisa: já que não pode se conectar com a nuvem, levante a cabeça e veja-as passar.

Trabalho individual *versus* trabalho em grupo

Sem dúvida, a cultura privilegia o trabalho em grupo. Em muitas empresas, ainda hoje, apesar do avanço do "trabalho imaterial" que a tecnologia permite, pensa-se que o rendimento será inexoravelmente melhor e mais rico se as atividades forem realizadas em equipe. Isso pode estar correto em muitos casos, mas não podemos generalizar.

Lembro que trabalhei uns meses em uma agência de publicidade. Todas as manhãs, antes de começar nossas tarefas específicas, fazíamos um *brainstorming* sobre os temas do dia. Café na mão, deixávamos a imaginação voar e entrávamos nessa atividade criativa mais ou menos por uma hora. Mas havia uma "ovelha negra" no grupo. Era um rapaz introvertido e solitário de quem os outros não gostavam muito porque se recusava a participar do *brainstorming* matutino. Ele dizia que funcionava melhor sozinho do que cercado de gente. Com o consentimento do chefe, ele se jogava no chão ao lado de sua mesa e ficava ali, pensando e fazendo caretas. De repente, como se despertasse de uma letargia, ele dava um pulo e quase sempre contribuía com uma ideia interessante e original. Dada a polêmica, discutíamos bastante sobre isto: o trabalho em grupo é melhor que o trabalho individual? Eu não apoiava, como a maioria, as atividades em grupo de modo radical. Não estou dizendo que a pessoa precisa ser um eremita no mundo profissional e não falar com os colegas; o que defendo é que existem *diferenças individuais* que determinam a produtividade em várias áreas. Um dia, tentei seguir o exemplo de meu colega e não fui à reunião; disse que estava com gripe (o que não era verdade) e que não queria contagiá-los. Comecei a trabalhar ideias para a propaganda de uns brinquedos. A primeira coisa que percebi foi uma sensação de alívio. Não sentia nem a pressão dos outros nem o medo do ridículo, nem do olhar do chefe e sua cobrança quando dizia: "Vamos lá, vocês são capazes de mais!". Coloquei música e deixei que meu "software mental" baixasse qualquer coisa para ver se saía algo que valesse a pena. De vez em quando eu me levantava, andava de um lado para o outro, bebia água, ia ao banheiro para não fazer nada, enfim, esperava que meu cérebro acendesse e me desse uma boa ideia. E de repente, eureca!: criei um slogan e escolhi uma cor. Depois outra e mais outra. Daquela vez, escolheram minha proposta. A partir daquele dia, fui dispensado do *brainstorming*, que mais parecia um pranto criativo. Nunca falei sobre isso com o jovem solitário. Às vezes nos cruzávamos pelos corredores ou, em uma reunião, os olhares eram suficientes para sentir a cumplicidade entre nós. Éramos dois diferentes, então, e, embora eu não fosse tão bom quanto ele, meus resultados e minha satisfação melhoraram notavelmente.

A conclusão é clara: *algumas pessoas funcionam melhor sozinhas que acompanhadas.* Algumas se sentem muito bem quando estão em companhia de si mesmas, e nem por isso são antissociais.

Aprenda a discernir se você "pertence" aos grupos sociais ou se "participa" deles

Segundo o filósofo Savater, podemos dizer que as pessoas, quando se vinculam a grupos sociais, costumam mostrar duas tendências, conforme o tipo e o grau de implicação: *pertencer* ou *participar* deles. Cada maneira de se relacionar tem uma lógica muito diferente, mas, em muitas ocasiões, utilizamos os dois estilos e os mesclamos. Procure diferenciar esses modos de estar com os outros e identifique qual você mais utiliza em sua vida cotidiana. De maneira didática, apresentarei as características extremas de cada tendência para que você possa entender melhor.

- *Pertencer a um grupo* é se identificar plenamente com ele e se mimetizar com as pessoas, tal como faz o camaleão quando se confunde com o ambiente para sobreviver aos predadores. Você se entrega e se deixa levar, segue os preceitos e normas do grupo sem contestar. Identifica-se com os princípios e sente orgulho de ostentar o distintivo do grupo ou levá-lo emocionalmente dentro de si. Isso implica tornar-se totalmente semelhante e renunciar à própria singularidade em favor da sigla que o abriga. Quando "pertence" a um conjunto social, você se dilui nele, e quase sempre se cria uma dependência emocional ou outro tipo de apego. Portanto, existe uma aceitação incondicional ao grupo e a incapacidade de adotar uma posição crítica. Nesses casos, seu "eu" se ajusta aos outros "eus", e é como se a quantidade de sujeitos que integram o grupo fossem um só participante. Quando os membros da coletividade se fecham ao redor de uma ideia fixa, surge o fanatismo. A palavra *pertencer*, segundo o Houaiss, significa "ser propriedade de; fazer parte de". Ser "propriedade de algo ou alguém" é inaceitável e indiscutível, a não ser que você se sinta realizado sendo escravo. E ser "parte de alguém ou de algo" implica estar dentro de um todo que nos contém e nos define.

- *Participar de um grupo* implica estar vinculado a ele porque queremos: é um ato da vontade. Você tem ciência de que sua individualidade continua a salvo, porque não cai no pensamento único. Não é absorvido nem diluído por nenhum clã; portanto, não se sente obrigado a uma obediência cega. Existe uma distância afetiva e cognitiva que lhe permite tomar a decisão de dizer "não" sem medo nem culpa e ir embora quando decidir, sem traumas nem conflitos pessoais. Você não está amarrado afetivamente além do necessário, não há apego. O grupo é uma preferência, não uma necessidade. Obviamente, você terá coisas em comum com os outros integrantes, mas compartilhar algumas metas não significa ter que renunciar à sua singularidade, pois com certeza haverá mais objetivos que são exclusivamente seus. Sua vida não acaba nem começa aí. Por exemplo, participar de um clube de leitura, de um curso de culinária ou de um grupo de pôquer de vez em quando. O grupo, assim como você, quer aprender sobre literatura, elaborar novas receitas ou se divertir em uma mesa de carteado. Mas, se a leitura deixou de lhe interessar, cozinhar perdeu o encanto ou está cansado de jogar baralho, você simplesmente deixa de ir.

TRÊS PERGUNTAS E TRÊS RESPOSTAS
QUE ESCLARECEM MAIS O ASSUNTO

Em minhas palestras e cursos, quando falo desse assunto, o público costuma me fazer três perguntas. Talvez você esteja agora mesmo pensando em uma delas.

Vamos ver quais são as respostas a essas perguntas, se é que você sabe.

1. *Existe um meio-termo ou temos sempre que pertencer a um grupo ou participar dele de maneira radical?*
   A maior parte das pessoas situa-se em dois extremos "puros". Mas isso não é fixo nem permanente, e sim móvel e mutável. É comum que nos relacionemos com os grupos utilizando ambos os modos ao mesmo tempo, dependendo do coletivo de que se trate. Em alguns agrupamentos sociais nós nos envolvemos e *pertencemos* a eles até o último fio de cabelo, ao passo que, de outros, *participamos* com a distância necessária para decidir com independência. Algo similar pode ocorrer com um só grupo em diversas situações: em algumas circunstâncias, a euforia nos domina e sentimos que pertencemos ao grupo de corpo e alma; em outras, prevalece a razão e pensamos sem tanto apego. Ou seja, pode haver "momentos de participação" e "momentos de pertencimento" em relação ao mesmo coletivo. Do que isso depende? Da emoção que nos embargue. Quanto maior for a paixão, quanto mais afetivo for o vínculo, maior será a sensação de que "somos parte" desse grupo.

Quando vou ao estádio ver meu amado time de futebol, não estou nem aí para a explicação sobre participar/pertencer. Quando o árbitro marca um pênalti contra "nós" e o xingamos até ficar roucos, ou quando gritamos gol, as lágrimas brotam e abraçamos as pessoas que estão perto, não "participamos" dos objetivos de um grupo de jogadores e do time: *somos* o time, trazemos o time nas entranhas. Depois, quando tudo se acalma (geralmente, no dia seguinte), voltamos à realidade e conseguimos criticar as más jogadas de nosso time ou reconhecer que o pênalti a nosso favor não era válido; já não "pertencemos" cegamente. Quando você tem um orgasmo junto com a pessoa que ama, recomendo que não tente discernir nada, porque não vai conseguir. Você está no corpo do outro e acabou, ocorre a fusão e o que menos importa é o tipo de vínculo que vocês têm (você não participa do orgasmo simultâneo com o parceiro; nesse instante, *você é* o orgasmo). Ou se está em um show de sua banda preferida em um estádio lotado, em que as pessoas pulam, gritam e cantam como em um ritual cósmico, você se sentirá parte ativa das centenas ou milhares de fãs. A exaltação o desagregará no conjunto dos seguidores como se fosse uma seita maravilhosa. Dois ou três dias depois, quando os últimos vestígios da ressaca tiverem desaparecido, você dirá que participou de um "evento musical".

2. *Precisamos realmente estar vinculados a um grupo social?*
Ninguém prescinde totalmente dos outros; nem os esquizoides se afastam totalmente de seus semelhantes. É verdade que podemos escolher e nos afastar de gente perniciosa, mas somos mais humanos quando estamos com outros humanos. O senso de pertencimento é muito importante no desenvolvimento do autoconceito das crianças, dado que depende, em grande parte, da maneira como se veem refletidas em seus co-

legas e amigos. Contudo, à medida que a criança amadurece fisiológica e cognitivamente, começa a ter suas próprias opiniões e pontos de vista, e o arraigamento, embora exista, pode ser modulado pela vontade e pela razão. Conforme cresce, você decide se aceita ou não o que lhe é dado. Essa motivação de estar com gente compatível foi denominada pelo psicólogo Maslow como *afiliação*. Essa é uma das motivações mais determinantes do ser humano e, claro, quando se transforma em dependência, deixa de cumprir um papel positivo. O contato com as pessoas começa a não ser suficiente quando compete com a autonomia (outra motivação fundamental). O problema, então, não é estar *em* ou *com* um grupo social (já vimos que o sentido de pertencimento configura parte de nosso eu), e sim o tipo de vínculo que estabelecemos: *se o que devo entregar para me sentir bem em um grupo é minha independência ou minha liberdade de pensamento, é melhor não estar ali.*

3. *É possível deixar de pertencer a um grupo sem traumas?*
Depende de como e o motivo pelo qual houve a relação. Se o que você buscou foi que o grupo lhe desse aconchego, servisse para melhorar sua autoestima ou para que se sentisse aceito, será muito difícil sair da dependência criada sem terapia. Simplesmente porque o grupo compensava um déficit seu e tornava sua vida mais suportável. Se você andava pela vida sozinho e desarraigado e lhe disseram: "Venha, de hoje em diante, este será seu lar e sua pátria, e nós, sua família", como declinar o convite se o que prometem a você é a salvação?
Para abandonar um coletivo que lhe propõe a "cura" de todos os seus males, você precisa adquirir uma grande segurança e confiança em si mesmo. Já vi uma infinidade de casos de gente que toca a vida longe de sua terra, sem família e na pior solidão. Com certeza, você é mais forte do que acredita.

PARA PENSAR NO ASSUNTO

Os requisitos para estar em um grupo social de maneira satisfatória e que não absorva sua personalidade são três: *ter um relacionamento adequado com os membros, poder manifestar tranquilamente a própria singularidade* e *fazer uso de um pensamento crítico toda vez que julgar conveniente*. Se um único desses requisitos não se cumprir, é provável que esse vínculo não seja saudável para você. Portanto, se o grupo o limita e o impede de agir com liberdade suficiente, faça sua malinha e vá embora. Os melhores grupos sociais são aqueles que não impõem nem sancionam (pense no Alcoólicos Anônimos), mas que respeitam sua individualidade, mesmo que não compartilhem de suas ideias. Um grupo altamente homogêneo e fechado sobre si mesmo é contraindicado para o desenvolvimento de seu potencial humano: é gente que não faz bem para sua vida. E, caso não seja bem recebido em um lugar porque os outros não vão com a sua cara ou simplesmente não o querem ali, não fique, não mendigue afeto nem aceitação. Apegue-se à sua referência interior, agarre-se a seu eu. Avalie os relacionamentos que mantém com os grupos que fazem parte de sua vida (profissional, social, familiar) e veja em qual deles tem que esconder ou disfarçar facetas essenciais de sua personalidade para que os outros não se incomodem ou para que não haja discussões. A premissa é a seguinte: *ou o aceitam como você é, ou terá de decidir se fica ou vai embora*. Estou mostrando a confusão em que uma pessoa pode se meter, sem perceber, para se encaixar a qualquer preço. O grupo que você ama e com o qual compartilha vivências tem que ser compatível com sua essência.

Uma pausa para entender de que maneira a necessidade de aprovação o impede de ser quem você é

Vejamos três princípios contra a necessidade de aprovação que facilitarão que se afaste bastante do que as pessoas vão dizer. Reflita sobre eles e aplique-os. Cada um começa com uma premissa, segue com um ou dois relatos e termina com uma explicação.

PRIMEIRO PRINCÍPIO: "É IMPOSSÍVEL SATISFAZER A TODO MUNDO"

O MENINO, O AVÔ E O QUE OS OUTROS VÃO DIZER

Um avô e o neto foram visitar uns familiares e levaram um burro, para caso ficassem cansados. O avô ia montado no animal e, ao passar pela rua principal de um povoado, algumas pessoas comentaram, contrariadas:

— Que velho egoísta! Ele vai tranquilo montado no burro e o menino a pé!

Ao ouvir isso, o avô decidiu descer e colocou o menino no burro. Mas, ao chegar a outra aldeia, escutaram:

— Inacreditável! O menino confortável no burro e o pobre idoso a pé!

Vendo a reação das pessoas, decidiram os dois montar o animal. Ao chegar a outro vilarejo, as pessoas gritaram:

— Vocês não têm coração! Esse pobre animal carregando os dois! Vão acabar com o pobre burro!

Então, decidindo evitar mais problemas, desmontaram os dois e seguiram viagem a pé. Mas, ao passar por outro lugar, as pessoas debocharam deles e, rindo, disseram:

— Que tolos! Vão a pé mesmo tendo um burro à disposição!

O QUE DEUS NÃO PODE FAZER

Um discípulo, que tinha muito medo de incomodar alguém quando dava uma opinião, estava conversando com seu mestre espiritual. O jovem dizia que, muitas vezes, preferia ficar calado a criar um clima desagradável; inclusive, optava por dar razão a quem não a tinha. O mestre, que era um homem velho e sábio, ajeitou sua túnica e perguntou:

— Tem medo de ferir os sentimentos do outro ou de que ele tenha uma imagem ruim de você?

O discípulo pensou um pouco e respondeu:

— As duas coisas.

— É melhor ser cuidadoso e gentil com as pessoas, sem deixar de ser sincero.

— Mas algumas pessoas não vão gostar...

O mestre ficou olhando para o discípulo em silêncio durante um tempo, até que respondeu:

— Sabe, há uma única coisa que Deus não pode fazer.

— É mesmo? Qual é? — perguntou o discípulo com curiosidade.

— Agradar a todo mundo... Se ele não pode, você também não.

Esses relatos ensinam uma regra universal: faça o que fizer, uma porcentagem considerável da população (alguns afirmam que 50%) não vai gostar. Assim, o determinante é o seguinte: se renunciar à sua singularidade para agradar mais pessoas, provavelmente sua mudança passará despercebida; metade das pessoas nem perceberá, porque quem não gostava de você vai continuar não gostando. Como mostra o conto do avô, do neto e do burro, a maioria nunca estará satisfeita; sempre haverá alguém que lhe lançará palavras rudes. Dado que não poderá evitar pisar em alguns calos se decidir ser autêntico, pelo menos pise em defesa de sua individualidade. Ou seja, por uma boa causa pessoal.

SEGUNDO PRINCÍPIO: "NÃO SE DEIXE INFLUENCIAR POR FOFOCAS E CRÍTICAS"

COMO SELECIONAR A INFORMAÇÃO

Um discípulo queria contar a seu mestre um rumor que havia ouvido no mercado. A vontade de contar a fofoca o fazia insistir. Diante de tanta obstinação, o mestre disse:
— Espere um minuto, acalme-se. Isso que vai me contar é verdade?
— Acho que não — respondeu o discípulo.
— É útil?
— *Não, não é.*
— *É divertido?*
— *Não.*
— *Então, por que tenho que ouvir?*

ALGUMAS RESPOSTAS SOCRÁTICAS AO ATAQUE VERBAL

Uma vez, alguém lhe deu uma patada e ele simplesmente aguentou. Ao ver sua atitude passiva, um indivíduo lhe perguntou por que não se defendia, e Sócrates fez a seguinte reflexão:
— Se um asno me desse um coice, eu o levaria diante dos juízes?
Outra pessoa lhe disse:

> — Fulano fala mal de você.
> E ele respondeu:
> — É porque não aprendeu a falar bem.
> Outra pessoa lhe perguntou:
> — Fulano não o ofende?
> E ele respondeu:
> — Não; o que ele disse de mim não é verdade.

O medo da crítica é terrível para quem sofre dele. A pessoa fica o tempo todo antecipando a possível crítica de algum especialista em críticas. É movida pelo medo da avaliação negativa. Não arrisca nada para evitar a desaprovação dos outros, a despeito de sua ignorância. Como você pode defender sua individualidade se a faz depender da opinião de qualquer um? Sua autoavaliação tem que ser mais forte, mais profunda e mais categórica que o julgamento externo. Quando alguém o criticar, independentemente da motivação, faça a si mesmo as seguintes perguntas: a fonte é confiável, sabe do que está falando? A intenção é construtiva ou destrutiva? Realmente é verdade o que está dizendo? Quando se trata de mim, não sou eu que tenho a última palavra? Se a fonte não for confiável, fora. Quando a intenção é destrutiva, tire a pessoa de sua vida e de suas redes sociais: bloqueie-a. Se o que diz não é verdade, faça como Sócrates; mas, se for verdade, use-a para mudar. Se você acredita que a opinião dos outros pesa mais que a sua, procure ajuda profissional. Existe gente masoquista nas redes sociais; elas têm medo do cyberbullying, mas passam o dia todo vendo quem as insulta ou difama. Quanto mais confiança tiver em si mesmo, mais sólido será seu "eu" e menos o afetará o julgamento alheio.

TERCEIRO PRINCÍPIO: "O IMPORTANTE NÃO É O QUE OS OUTROS DIZEM, E SIM O QUE VOCÊ INTERPRETA"

> OS SAPOS PRESOS
>
> Um grupo de sapos atravessava a floresta e, de repente, dois caíram em um buraco fundo. Os outros se reuniram ao redor do poço, e, quando viram como era fundo, disseram aos dois que, em termos práticos, deviam dar-se por mortos, dado que não sairiam. Os dois sapos não deram ouvidos aos comentários de seus amigos e continuaram tentando pular para fora do buraco com todas as suas forças. Os outros continuavam insistindo que seus esforços seriam inúteis. Finalmente, um dos sapos deu atenção ao que os outros diziam e se rendeu. Caiu e morreu. O outro continuou pulando tão alto quanto lhe era possível. Mais uma vez, a multidão de sapos gritou e fez sinais para que parasse de sofrer e que simplesmente se entregasse à morte, dado que não fazia sentido continuar lutando. Mas o sapo pulava cada vez mais alto, até que finalmente conseguiu sair do poço. Quando saiu, os outros sapos disseram:
> — Que bom que conseguiu sair, apesar do que gritamos. O sapo explicou que era meio surdo e que pensara que os outros o estavam incentivando a se esforçar mais e a sair do poço.

Você não é um receptor frio e estático das coisas que o cercam. Nós, humanos, processamos as informações de maneira ativa e, em certo sentido, criamos nossa própria realidade. Os estímulos que chegam de fora para alcançar nosso núcleo têm que passar por grande número de esquemas e marcos conceituais que desenvolvemos durante a vida. Por exemplo, talvez você tenha criado a "teoria" de que não é simpático nem interessante, e que, portanto, os outros ficam entediados em sua companhia. Essa crença ativará alarmes e você desenvolverá uma atenção focada em detectar qualquer forma de "rejeição", como gestos, olhares, inflexão de voz, silêncios etc. Então, quando estiver com mais pessoas, seu periscópio se ativará e você começará a estudar a maneira como interagem com você e, como já está predisposto a acreditar que o rejeitarão, fará interpretações errôneas de todo tipo: "Fulano olhou torto para mim"; "Ela não sorri para mim"; "Disse 'sim' de má vontade" ou "Ele fala comigo, mas está pensando em outra coisa", entre muitas outras. Se você é uma pessoa insegura nas relações interpessoais, verá ataques, menosprezo e malquerença que, em geral, só existem em sua cabeça. Ficará o tempo todo se esquivando de ofensas que só você enxerga. Em outras palavras, se tiver um esquema de *inadequação* ou *desaprovação social*, quando alguém se dirigir a você, distorcerá negativamente a informação que chegará a seu cérebro para confirmar que é um inepto social. A mente pode ser ilógica assim. Você poderá confundir um elogio sincero com uma atitude falsa; ou um sorriso com uma careta. No conto apresentado, o sapo imaginou que os outros o estimulavam, e isso o motivou a continuar tentando. Se você for vulnerável ao que os outros dizem, ficará tão atento a eles que se esquecerá de si mesmo. Quando realmente não se importar com o que os outros pensam, não saberá se gostam de você, se o admiram ou se não vão com a sua cara. Sua resposta será pura liberdade emocional: "Não faço ideia do que pensam de mim, nem me interessa". E ponto.

Dê um golpe de Estado na moda

Aceitemos, como afirmam os sociólogos, que a moda vai além da estética e destaca as sensibilidades de uma época. Aceitemos isso e muito mais, mas... quanta estupidez, e como cansa que tentem nos enfiar goela abaixo, a qualquer preço, a última tendência! Quanta pressão e doutrinamento para que aceitemos que "estar na moda" nos dará esse toque de distinção necessário para chamar a atenção e mostrar um bom status! Quando alguém pergunta: "O que vai se usar neste verão?", está tentado saber como deverá se vestir para não destoar. Andar "uniformizado" com o que está em voga nos faz entrar na "família" de tal ou qual marca.

Há pouco tempo, eu estava em uma loja de roupas femininas e pude observar uma mulher de meia-idade que estava provando um vestido que não ficava bem nela. Era apertado demais e os ombros estavam caídos. A impressão que dava era que era malfeito. A mulher mal conseguia se mexer dentro daquela roupa, que mais parecia uma camisa de força. Em dado momento, ela disse, olhando-se no espelho: "Não sei, está esquisito. Está muito apertado na cintura e as mangas são muito largas... Não sei...". A vendedora imediatamente brandiu o principal argumento que se costuma utilizar: "É da coleção nova". Isso não pareceu convencer a potencial compradora. Então, a vendedora insistiu: "É o que se está usando". Repetiu isso várias vezes e, de repente, o olhar da mulher mudou, como se a mensagem tivesse penetrado em seu cérebro; sua expressão de desagrado começou a ficar mais suave. Por fim, ela levou o vestido; sem o usar, felizmente, porque precisava de muito ajuste. Algo parecido acontece com a moda *oversize*, de modelagem maior, que tem de tudo. É como entrar, de repente, em um mundo extragrande, que não cai bem para ninguém e ninguém gosta de verdade. Há pouco tempo, entrei em uma loja para comprar uma jaqueta e me mostraram uma gigantesca *oversize*. Quando a experimentei, eu me senti como um espantalho, e minha impressão foi de que meu corpo havia mudado para pior. Não sou um homem jovem, mas o vendedor insistia que estava "divina" em mim. Havia mais gente na loja, e uma mulher começou a sacudir disfarçadamente a cabeça fazendo um "não". Ou foi o que me pareceu, talvez por ter projetado o que me passava pela cabeça. Eu disse ao vendedor: "Não, obrigado". E ele respondeu, em um tom gentil: "Que pena para o senhor". Nunca mais voltei àquele lugar.

Pessoas viciadas na moda ou muito vulneráveis a ela deveriam ter consciência e não cair na boca do lobo (por exemplo, entrar na Prada com um cartão de crédito na mão). Algo similar ao que fazem os alcoólatras quando empregam o autocontrole: nem sequer passam pela porta de um bar, ou, se passam, é sempre correndo, e nunca entram.

MOSTRAR O LUXO PARA QUE SAIBAM "QUANTO VALHO"

Em quase todas as partes do mundo é comum ver nos cafés, casas de chá, restaurantes ou eventos sociais cenas como as que descreverei a seguir, nas quais se mesclam moda, luxo e a vontade de se destacar. Como um homem gesticulando, especialmente com o braço no qual usa um Rolex de ouro que deslumbra pelo brilho e não passa despercebido (apesar de os smartphones estarem substituindo os relógios, ainda muita gente os usa). Conforme o sujeito vai falando, a manga de seu paletó vai subindo cada vez mais, até deixar claro: "Este sou eu". Como se houvesse um princípio que afirmasse: "Por trás de todo grande relógio, há sempre um grande homem". Enquanto isso, outras pessoas anotam qualquer coisa, que nem precisa ser anotada, só para mostrar sua Montblanc.

Outro exemplo que ocorre com frequência: uma mulher cumprimenta a outra, senta-se e a primeira coisa que coloca na mesa é sua bolsa da coleção nova da Louis Vuitton, Hermès ou Loewe. Não importa que atrapalhe a comunicação e que elas tenham que se inclinar, subir ou descer a cabeça para poderem se olhar; fica constatado o fato de que a mulher que se exibe tem classe. Como no caso do relógio: "Por trás de toda grande bolsa, há sempre uma grande mulher". Já notou a quantidade de fotos que as pessoas postam no Instagram que mostram em primeiro plano, sem sequer disfarçar, um objeto de marca que demonstre seu pertencimento ao grupo dos escolhidos?

Tenho uma amiga que, quando vai a Barcelona, não pega táxi para economizar. Chega à Praça da Catalunha de ônibus, com duas malas enormes, percorre a pé um monte de ruas e se hospeda em um albergue de quinta categoria. Tudo isso para economizar. Mas, depois, gasta dois mil euros ou mais em um par de sapatos Jimmy Choo. Quando os calça, seu rosto demonstra tanta felicidade que, mesmo que você os ache horríveis, não pode fazer nada além de dizer que são muito bonitos. E ela costuma responder: "Claro, são Choo!".

PARA PENSAR NO ASSUNTO

Quando começar a pensar: "Se não tiver isso ou aquilo, não serei feliz", é porque o apego entrou em sua vida, seja por um objeto, uma atividade ou uma pessoa. *Precisar* ("Não posso viver sem isso") leva ao consumismo louco. Já a palavra *preferir* o deixa mais solto ("Gosto disso, mas, se não o tiver, minha vida vai continuar igual") e deixa espaço para a reflexão. Assim, você não agirá por impulso e mostrará que é um ser pensante.

DESAFIE O CONSUMISMO

Para além do último grito da moda, temos a obsolescência programada, ou seja, coisas que são fabricadas com data de validade, mesmo podendo ser mais duradouras. Muitas pessoas trocam suas roupas ou eletrodomésticos, gastando o que não têm, para "atualizá-los" de acordo com as diretrizes dos designers que destacam a aparência. Não é absurdo que um desconhecido lhe diga o que você tem que vestir ou como deve organizar seu espaço?

Não digo que você deve rejeitar tudo que a moda oferece. *Quando ela coincidir com seu gosto, você terá escolhido a peça, e não o contrário.* Isso é não imitar, e sim optar. E que maravilha: "A moda está de acordo com você!". Não se deixe absorver pelo consumismo, ligue o motor interno e decida. Sua individualidade não se vende nem se compra.

Para resumir, citarei uma frase do filósofo e sociólogo francês Baudrillard, que sintetiza o núcleo da questão (leia e veja se você se identifica com algo do que ele afirma:

"Como já não é possível se definir pela própria existência, só resta um ato de aparência sem se preocupar por ser, nem sequer por ser visto. Já não é: existo, estou aqui; e sim: sou visível, sou imagem – olhe, olhe! Nem sequer narcisismo, e sim uma extroversão sem profundidade, uma espécie de ingenuidade publicitária na qual cada um se transforma em empresário de sua própria aparência."

Claro que devemos nos gostar quando nos olhamos no espelho. A autoimagem implica não só o aspecto físico, mas também como nos arrumamos e decoramos nosso corpo. Para uma pessoa com um bom autoconceito, pesa mais inventar a própria moda pessoal que seguir outra. Se vestir roupas da moda aumenta sua autoestima, o que acontece quando você se despe? Deixa de se amar?

Tente o seguinte: encontre uma roupa de que goste, deixe-se levar pela intuição mais honesta, quebre as regras e saia do comum e do costume: use um chapéu fora de moda, óculos exagerados, um penteado fora de toda convenção etc. Enfeite-se como lhe dê na telha. Misture cores, listras, bolinhas, antigo com moderno... ou seja, faça um drinque que lhe agrade e seja radicalmente singular. Comece vestindo-se assim durante algumas semanas, depois faça variações sobre esse estilo que inventou e saia com amigos mostrando seu novo *look*. Depois de um tempo, você notará uma coisa incrível: algumas pessoas começarão a copiar você. Sem perceber, você ditará tendência em seu entorno. Fácil, não?

> **EXERCÍCIO: EM BUSCA DE APFEL**
>
> Veja essa matéria[8] que fala de Iris Apfel, e que lhe sirva de pontapé inicial para pesquisar mais sobre essa mulher interessante.

Para que lhe sirva de referência, o dicionário Houaiss define *consumismo* da seguinte maneira: "consumo descontrolado de bens materiais, especialmente de artigos supérfluos". Se é "descontrolado", você perdeu o controle, e se os artigos são "supérfluos", significa que poderia dispensá-los sem que acontecesse nada de preocupante em sua vida. O consumismo é bem parecido com uma patologia.

> **EXERCÍCIO: A ÚLTIMA PALAVRA É SUA**
>
> Quando você toma uma decisão de maneira reflexiva, adquire o controle, os condicionamentos pesam menos e você é dono de si mesmo. Como viu na primeira parte: a autodireção fará com que não seja levado de um lado para outro como um fantoche. De vez em quando, repita, como se fosse um mantra: "Sobre mim decido eu". Por exemplo, se passar por uma vitrine e vir uma roupa que lhe atrai, não entre correndo para comprar. Esfrie a cabeça primeiro. Dê uma volta no quarteirão devagar, ou tome um café antes de entrar. Pare em frente à peça e pergunte: "Preciso disso?", "Tenho o dinheiro?", "O que

---

8 ALONSO, G. Iris Apfel, 94 años: "Hago lo que me apetece". *Vanity Fair*, 24 fev. 2016. Disponível em: https://www.revistavanityfair.es/lujo/articulos/iris-apfel-icono-de-esrilo-hago-lo-que-me-apetece/21915. Acesso em: 12 mar. 2024.

me atrai é a decoração da loja?", "A magreza do manequim?", "Gostei mesmo ou estou me deixando levar como uma vítima ao matadouro do consumismo?". Posicione-se. Que a autoanálise o guie do controle externo ao interno. Não aja por impulso, não aceite o doutrinamento, decida você, em pleno uso de suas faculdades mentais. Assim, se por fim realizar a compra, que seja por sua escolha soberana. Que priorize sua opinião: gosto da cor, do design, acho que vai ficar bem em mim, combina com meu estilo, porque estou a fim ou qualquer outra coisa. Que seja uma escolha feita a partir de sua preferência, não pelo marketing que envolve a peça. Só porque a coisa está na moda não significa que você precisa dela.

A importância do pensamento crítico

Com a influência dos meios de comunicação, o bombardeio da publicidade, o tsunami do marketing, as redes sociais e toda a tecnologia associada, a cada dia pensamos menos de maneira consciente: o "perceber" está se atrofiando. Refletir, para muita gente, é uma tortura, uma carga a se evitar ou reduzir a todo custo. O dia em que formos substituídos por robôs, será justamente pelo déficit cognitivo decorrente do uso cada vez menor de nossa capacidade de análise e revisão da informação.

John Lennon dizia: "A vida é aquilo que acontece enquanto estamos ocupados fazendo outros planos". E há quase dois mil anos, Sêneca dizia algo parecido: "Enquanto se espera viver, a vida passa". Quando você vive como um robô, a realidade passa ao seu lado, debaixo do seu nariz, e você nem percebe. Sua mente entra em um estado de zumbi e ela se desconecta dos neurônios que a sustentam; seu QI começa a declinar e uma expressão abobada se apodera de seu rosto.

PARA PENSAR NO ASSUNTO

Não subestime isto, é muito importante. A palavra inteligência provém do latim *intellegere*, termo composto por *inter*: "entre", e *legere*: "ler, escolher". A inteligência permite, então, escolher as melhores opções para resolver uma questão. Ou seja, se não selecionar a informação que chega a seu cérebro, porque "dá tudo na mesma" ou porque não aprendeu a fazer isso, a ignorância criará raízes e sua *intellegere* começará a falhar. Sem pensamento crítico (examinador, avaliador, reflexivo), você será uma marionete. Se não pensar por seus próprios meios, o poder da vez tomará as decisões por você. É preciso ter coragem para fazer o processo de pensamento se submeter à nossa vontade individual. Preste atenção nisso. O filósofo Kant usou uma expressão latina em seus escritos que possivelmente você encontra em vários textos ou quando navega pela internet: *Sapere aude*, cujo significado pode ser traduzido como "atreva-se a saber", "atreva-se a pensar", "tenha coragem de se servir de sua própria razão". Como veremos mais adiante, quando se entra em uma zona de conforto, a preguiça e o comodismo fazem sua mente adormecer (você fica sem a energia necessária para ser crítico), e se for uma pessoa insegura ou que tenha medo de errar, deixará tristemente que outros pensem por você. Com o tempo, surgirão uma imaturidade intelectual e um retrocesso em suas habilidades cognitivas, que o impedirão de exercer oposição ao doutrinamento e à manipulação.

Vejamos como Kant explica isso em um fragmento do ensaio "O que é o esclarecimento" (não pule esta parte, pois o ajudará a compreender melhor o assunto em questão):

> Esclarecimento é a saída do homem de sua menoridade, da qual ele próprio é culpado. **A menoridade é a incapacidade de fazer uso de seu entendimento sem a direção de outro indivíduo**. O homem é o próprio culpado dessa menoridade se a causa dela não se encontra na falta de entendimento, **mas na falta de decisão e coragem de servir-se de si mesmo sem a direção de outrem**. *Sapere aude!* Tenha a coragem de fazer uso de seu próprio entendimento, tal é o lema do esclarecimento (grifo meu).
>
> Insisto: a razão deve trabalhar para você, não para aqueles que o querem espremer e tirar proveito de você.

O que você pode fazer para salvar sua singularidade em uma sociedade que o incita a marchar com a massa? Deixar que sua verdadeira personalidade se manifeste sem vergonha (desde que não faça mal a ninguém, direta ou indiretamente). Isso nem sempre é fácil porque, como vimos, em certos lugares, "pensar por si mesmo" é considerado uma falta de respeito. Até pouco tempo (eu mesmo fui vítima disso), em algumas escolas especialmente rigorosas da América Latina (sei de algumas que ainda têm essa prática), antes de entrar na classe pediam aos alunos que fizessem uma fila e estendessem o braço até tocar o ombro da criança da frente, sob o lema: "Mantenham distância!". A ideia era que obedecessem a essa ordem quase militar e funcionassem como uma colmeia. E ai de quem não fizesse direito ou ousasse questionar ou perguntar o que não se podia perguntar. O objetivo desse método era nos igualar, eliminar qualquer tentativa da individualidade de aflorar. Aglutinar-nos era melhor, porque isso anulava a inquietude pessoal. Melhor enjaular a razão e o anseio de saber.

Então, o segredo para não apagar a mente e se deixar levar pela sugestão do coletivo é manter o tempo todo ativado um pensamento que não engula tudo e que acredite em *não só estar no mundo passivamente, e sim indagar e querer saber mais*. Por exemplo:

- Questionar o bombardeio de estímulos ao qual está submetido.
- Não ter medo da abertura mental nem de errar.
- Identificar como as coisas se relacionam.
- Fazer inferências fundamentadas e razoáveis.
- Descentralizar-se e reconhecer outros pontos de vista com descontração, porque o que interessa não é "ganhar", e sim saber até que ponto está certo.
- Estar atento às mudanças e ao que ocorre ao seu redor.
- Avaliar as evidências a favor ou contra antes de tomar uma decisão.
- Testar suas conclusões.
- Discordar dos modelos de autoridade quando achar necessário, sem culpa nem arrependimento.

O segredo é ser menos crédulo e seguir o lema que Whitmam sugeriu aos Estados, em uma poesia, para que não fossem dominados: *resistam muito, obedeçam pouco*.

Em outras palavras, pergunte duas coisas: "O que os outros querem?" e "O que eu quero?". O importante é criar um alerta que dispare quando sentir que sua singularidade está sendo atacada, quando o proibirem de pensar como quiser ou quando sua autonomia estiver em risco. Assim, passará do modo relaxado ao modo autárquico (tomar o controle e governar a si mesmo).

CONSUMIDORES CRÍTICOS

Um exemplo interessante é o dos "consumidores críticos de alimentos" promovidos pela Academia Espanhola de Nutrição e Dietética. O que se pretende é que, por meio da divulgação científica, as pessoas tenham acesso a informações verdadeiras e não se deixem levar por mitos e mentiras que provocam doenças. Quando uma pessoa conhece os princípios e lê os rótulos seguindo o que aprendeu, cria um esquema de seleção fundamentado e não haverá quem a engane. Ela toma sua decisão, a própria. E se as descrições do rótulo estiverem incompletas e não forem suficientemente satisfatórias? Ela não colocará sua saúde em perigo e encontrará outro produto que lhe ofereça os dados que está procurando. Quando houver criado essa estrutura de conhecimento sólida e bem sustentada, não haverá publicidade que a convença do contrário. O pensamento mágico e a ignorância ficarão de fora. A consequência será uma nutrição consciente e autodirigida que fortalecerá o empoderamento dos clientes. Eles terão desenvolvido, como diziam os antigos gregos e afirmava o filósofo Foucault, *o cuidado de si.*

EXERCÍCIO: DE QUANTAS COISAS VOCÊ PRECISA DE VERDADE?

Sócrates deu uma guinada de 180 graus nos valores tradicionais. Segundo ele, o autêntico não estava nas coisas materiais. Isso não quer dizer que se deve desprezar radicalmente todos os valores que chegam de fora; o que significa é que é preciso dar-lhes um bom uso para que não se transformem em antivalores ou em vícios. O desapego de Sócrates às motivações externas fica bem exemplificado em sua posição diante do consumismo e da necessidade de aprovação. Dizem que quando ele via a quantidade de coisas oferecidas nos diversos pontos de venda, analisava minuciosamente os produtos exibidos e dizia a si mesmo, surpreso: "Quantas coisas de que eu não preciso!".

Você seria capaz de fazer esse exercício? Vá um dia qualquer a um shopping para que os vendedores tentem seduzi-lo. Mas diferentemente do que costuma fazer quando sai para fazer compras, em vez de ceder ao pequeno consumista que existe em você, fixe sua atenção no que não lhe serve, naquilo de que poderia prescindir sem afetar sua vida, no que considera inútil, perigoso ou absurdo. Compre um caderno (recomendo um bem grande) e faça uma lista daquilo de que honestamente não precisa. Meia hora basta, porque não faz sentido encher tantas páginas. Depois, sente-se e revise com cuidado sua lista de "inutilidades". E, tendo consciência do que acabou de fazer, admire-se com tudo que não comprou. Aproveite e se parabenize por não ter caído na armadilha da compra compulsiva.

PARA PENSAR NO ASSUNTO

O consumismo existe desde sempre, e em cada época parece ter tido, pelo menos, dois efeitos básicos sobre as pessoas, além de enriquecer algumas. Oscar Wilde, há mais de cem anos, escreveu:
Vivemos em uma época em que as coisas desnecessárias são as únicas necessárias.
Hoje em dia, conhecemos o preço de tudo e o valor de nada.
Parece correto, não é? Quando notamos que uma bolsa ou um par de sapatos de grife podem custar milhares de reais, fica claro que estamos comprando "luxo", "estilo" e "status", ou seja: maneiras de alimentar um "eu" que não basta a si mesmo. Isso é engordar o ego.

PARTE IV

NÃO PERMITA QUE
MENTES RÍGIDAS
E CONFORMISTAS
O INTIMIDEM:
ABRA-SE PARA O NOVO
E REINVENTE-SE COMO
ACHAR MELHOR

> *Não há nada mais perigoso que uma ideia*
> *quando é a única que se tem.*
> **ALAIN (ÉMILE CHARTIER)**

Como pode viver bem sem renovar a si mesmo, sem largar os esquemas de sempre que são nocivos para você ou para outros? Para evitar uma consequência negativa que temem (que tudo vire de ponta-cabeça em razão da mudança), pessoas apegadas ao passado vão para o outro extremo (não mudar nada por nenhuma razão) e amarram você cognitiva e emocionalmente para que não saia do padrão estabelecido. Dizem: "Você pode investigar e propor mudanças em sua vida e no mundo, mas sem ultrapassar certos limites e sob o controle de quem 'sabe' o que é conveniente". Ter limites não é algo ruim em si mesmo; quase sempre eles são necessários, porque modelam a liberdade comum e apelam à nossa responsabilidade. O problema é que, às vezes, são tão restritos e interesseiros que impedem ou dificultam demais uma verdadeira transformação.

Se começar sua própria revolução psicológica e emocional, ou seja, se decidir abandonar a maneira tradicional de ver o mundo (reestruturar seus esquemas) e buscar uma versão melhor de si mesmo, muitos começarão a se preocupar, com medo de que ocorra um efeito dominó e outras pessoas comecem a se comportar igual. Se ceder sem reclamar às determinações sociais e culturais de como ser e pensar, vai fazer com que pendurem um cartaz em você, dizendo: "Cidadão bem adaptado e fácil de manipular". Se, ao contrário, decidir seguir seu caminho e perguntar por que as coisas são assim e não de outra maneira, o cartaz dirá: "Não se aproxime: pessoa inconformista e pouco recomendável, possivelmente contagiosa". Não digo que ande por aí criticando tudo, com uma insatisfação crônica ou ignorando as leis que conquistamos com a democracia; o que proponho é que elimine a ideia de que é mais seguro e correto deixar tudo, inclusive você, como está.

Quando nos proíbem de indagar "além do devido", costumamos repetir um ritual socialmente aceito sem ter a menor ideia do motivo ou da origem dele. Pensamos: "Se está aí, alguma razão deve ter", e o incorporamos a nosso repertório cognitivo e comportamental como logicamente correto. Vejamos um pequeno relato que explica o que quero dizer.

O GATO SAGRADO

Quando o mestre zen, todas as tardes, costumava se sentar para as práticas do culto, o gato do mosteiro ficava andando por ali distraindo os fiéis. Por isso, o mestre ordenou que o gato ficasse preso durante os cultos da tarde, para que não incomodasse.
Isso foi feito regularmente até que, anos mais tarde, o mestre faleceu. Porém, continuaram amarrando o gato durante a sessão de meditação. E quando, com o tempo, o gato morreu, levaram outro para o mosteiro para poder amarrá-lo durante o culto vespertino.
Séculos depois, eruditos descendentes do mestre zen escreveram sérios tratados sobre o importante papel do gato na prática da meditação.

Nas mentes altamente conservadoras, o tempo congela e são recusadas quaisquer mudanças substanciais. Por quê? Porque um vírus se instala no HD da mente, podendo chegar a se transformar em um antivalor que nos impede de crescer e avançar como pessoas e sociedade: é *a resistência à mudança*.

> PARA PENSAR NO ASSUNTO
>
> Gente imobilista vive agarrada aos velhos hábitos e às mesmas ideias de sempre. Em mais de uma ocasião, encontrei pessoas que não via há anos e que pareciam mentalmente mumificadas: as mesmas piadinhas, as mesmas preocupações, até o cabelo e a roupa ainda eram idênticos. Esses indivíduos estão presos a um conjunto de regras que os impedem de se mover interna e externamente. Agem como carcereiros de sua própria existência e, muitas vezes, fazendo da rigidez um modo de vida. Um deputado do Congresso de seu país, e que pertencia à comissão que estava tratando do casamento entre homossexuais, disse para mim em certa ocasião: "Não posso aceitar o casamento entre pessoas do mesmo sexo; não entendo isso. Na arca de Noé, todos os casais de animais que se salvaram eram de sexo diferente. Deve ser por alguma razão, não é?". Mudei de assunto.

É evidente que muitos costumes e normas sociais têm a função de facilitar a convivência e manter a ordem social. Além disso, há tradições especialmente significativas que nos conectam com nossas raízes e outras que simplesmente devem ser executadas por respeito aos demais – obviamente, desde que não afetem nossos princípios (por exemplo, creio que tirar os sapatos antes de entrar em uma casa no Japão não causaria um conflito ético a ninguém). O problema é quando certos hábitos e comportamentos sociais se tornam fundamentalistas (exigência fanática a apegar-se a uma doutrina, com a proibição de revisá-la), dogmáticos (crença de que não há outra verdade possível além da que se tem ou aceita) e ignorantes (oposição à expansão, divulgação e transmissão do progresso e conhecimento), mesmo que disfarçados. Se você tiver instalada em seu cérebro uma dessas três atitudes (uma é suficiente), ficará estagnado psicológica e emocionalmente e sua mente estará aprisionada.

Quando você pertence a um grupo fortemente consolidado por suas crenças e sai do paradigma estabelecido, imediatamente disparam-se alarmes. Pior ainda quando se trata da família. Vejamos parte de uma conversa que tive com uma paciente, uma mulher recém-casada que vivia uma controvérsia com seu entorno familiar sobre o tema da maternidade.

Paciente (P.): Eu sabia que minha família era tradicionalista e conservadora, mas nunca pensei que tivessem a mente tão fechada. Tudo começou na festa de aniversário de 60 anos de meu pai. Eu estava casada há dois meses. Havia muita gente (meu avô teve quinze filhos), e, quando meu pai pegou o microfone para agradecer pela festa, dirigiu-se a mim e disse que esperava ser avô logo. Todos aplaudiram e me pediram para subir ao palquinho. Fui e o abracei. As pessoas começaram a gritar: "Discurso, discurso!". Não sou muito boa para falar em público, mas tomei coragem, e aí começou a confusão. Eu dei parabéns a ele e disse o que pensava de verdade: "Não quero ser mãe, não gosto, não tem nada a ver comigo. Tomaria meu tempo, e eu tenho outros projetos de vida". E acrescentei: "Você não terá um neto, mas tem a mim".

Terapeuta (T.): Como as pessoas reagiram?

P.: Silêncio absoluto.

T.: E seu pai?
P.: Ficou me olhando de queixo caído. Sei que eu não deveria ter anunciado isso em público, mas também não é para tanto...
T.: Seu marido estava presente? Ele compartilha dessa decisão de não ter filhos?
P.: Totalmente.
T.: O que aconteceu depois?
P.: No dia seguinte, meu telefone não parava de tocar: tios, tias, meus avós, minha mãe, meus sogros, meus primos... Imagine, eles têm a minha idade! O mais velho deve ter 27 anos. Todos me dando conselhos para que eu mudasse de ideia.
T.: O que mais diziam?
P.: Que nunca me realizaria como mulher e que, com o tempo, eu me arrependeria, porque nossa família se caracterizava por ter muitos filhos. Insistiam que isso não era normal. Isso durou várias semanas, com menos intensidade, mas durou... E foi quando decidi vir aqui.
T.: O que espera de nossas sessões?
P.: Não sei, falar com alguém... Estou indignada e desiludida com todos...
T.: *(Silêncio)*
P.: Emagreci e ando com insônia... E tenho evitado ir a eventos familiares.
T.: Eu posso ajudá-la, mas o que a espera não é fácil. Você está se opondo a duas tradições: uma familiar, o costume de ter muitos filhos, e outra mais geral, que vem de séculos: "A maior realização pessoal para uma mulher é ter filhos. A maternidade é a marca da feminilidade".
P.: Sim, é verdade, mas não vou ter filhos... Quero que você me ajude a lidar com isso o melhor possível.

Minha paciente havia quebrado as regras, saído do papel atribuído e decidido fazer aquilo em que acreditava, mesmo contra os costumes imperantes ao seu redor. Em um dado momento, tive uma conversa com os pais dela, e o argumento que manifestaram foi o mesmo: "A missão da mulher é ter filhos". Por fim, não tiveram escolha a não ser aceitar a decisão da filha (mas me confessaram que nunca perderiam a esperança). Na família, formaram-se duas correntes: a de sempre (na qual estavam todos), em que é preciso ter filhos; e a de minha paciente (na qual estava ela sozinha), para quem a maternidade não era uma obrigação moral nem um desígnio cósmico, e sim uma escolha individual. Para que não restem dúvidas, minha avaliação deixou claro que ela estava tomando aquela decisão em pleno uso de suas faculdades mentais, e não devido a algum trauma ou patologia oculta, como sugeriram alguns familiares e pessoas próximas.

A mudança só é possível quando nos libertamos da obediência cega ao passado e de qualquer imposição irracional. Insisto, nem tudo que nos cerca é ruim; contudo, certas coisas não nos deixam outra opção além de as rejeitar, para que possamos ser quem somos.

EXERCÍCIOS E RECOMENDAÇÕES PARA VENCER A RESISTÊNCIA À MUDANÇA: QUATRO ANTÍDOTOS QUE TIRARÃO VOCÊ DA IMOBILIDADE

"Por que é tão difícil mudar?"
1: a mente é teimosa e preguiçosa (economia cognitiva)

A mente humana tende a ser conservadora e teimosa em sua maneira de processar informação. Quando você armazena na memória uma teoria ou uma ideia determinada sobre algo ou alguém, e ela se instala em sua base de dados, não é nada fácil tirá-la de lá.

As experiências e o conhecimento que você adquire acerca de si mesmo e do mundo ficam guardados em esquemas relativamente estáveis, que tendem a se manter e a resistir à mudança. Mesmo quando as evidências contrárias são irrefutáveis (pense nos sacerdotes que se recusaram a olhar pelo telescópio que Galileu Galilei havia construído porque defendiam que a Terra era o "centro do universo"). Tenho uma amiga que acredita cegamente em astrologia, e eu lhe dei de presente três livros que rebatem o poder de predição dos astros com dados obtidos de estudos científicos rigorosos. As evidências são esmagadoras. Um mês depois, os livros ainda estavam em sua mesa de cabeceira, sem abrir, embrulhados no papel celofane. Quando lhe perguntei por que não os havia lido, ela respondeu: "Não confio em pessoas de mentalidade fechada". Melhor não olhar, melhor não saber, vai que a pessoa está errada... não é?

O princípio da economia cognitiva é o seguinte: uma vez que a mente cria uma crença e se apega a ela, esta será defendida com veemência pela pessoa, visto que *é menos trabalhoso para o sistema mental confirmar a informação que já tem armazenada que a negar.*

O estúpido, absurdo e irracional é que perpetuamos todas as nossas crenças com o mesmo afinco, sejam negativas ou positivas, lógicas ou absurdas. Dá na mesma. Se você foi educado com a ideia de que é feio, incapaz ou um fracassado em potencial, sua tendência não consciente será confirmar e manter esse rótulo que lhe colocaram. O mais provável é que, no nível consciente, queira eliminar o estigma, mas não será fácil, porque, como eu disse: existe uma predisposição a conservar o que já está armazenado em nossa memória.

EXERCÍCIO: O PROFESSOR RACISTA

Analise o seguinte caso imaginário para entender por que é tão difícil mudar e abandonar costumes mentais. Depois, procure uma situação de sua vida na qual tenha defendido obstinadamente uma posição ou uma ideia, mesmo sem ter certeza de que tinha razão. Procure identificar se age como a personagem a seguir.

Suponhamos que um professor racista está convencido de que os alunos pretos são menos inteligentes que os brancos, mas nas últimas provas, as notas mais altas foram as dos alunos pretos. Como consequência, sua mente entrará em uma forte contradição, dado que os fatos não concordam com a expectativa gerada por seu esquema segregacionista e discriminatório. É possível que ele diga a si mesmo: "Não pode ser, os alunos brancos tiraram as notas mais baixas!". Para resolver o conflito, o homem tem, pelo menos, três opções:

a) Revisar a crença e substituí-la por outra: "Os alunos pretos são tanto ou mais inteligentes que os brancos".
b) Calibrar seu paradigma ou criar uma exceção à regra: "Nem todos os alunos pretos são menos inteligentes que os brancos".
c) Recusar-se a revisar a crença e encontrar justificativas: "Com certeza colaram"; "A prova foi muito fácil" ou "Foi pura sorte".

O surpreendente é que a maioria dos humanos escolhe a opção *c*.

Se o professor racista decidisse escolher a opção *a* e modificar radicalmente seu esquema preconceituoso, isso demandaria um esforço considerável, assim como quando formatamos um HD. Para que a revisão da ideia discriminatória seja feita de maneira adequada, precisa incluir um pacote de modificações, por exemplo, deixar de se relacionar com amigos racistas, acabar com outras ideias preconceituosas associadas, aproximar-se de pessoas pretas e estabelecer vínculos; enfim, teria que destruir uma história e começar a construir outra. O que a economia cognitiva nos ensina é que qualquer transformação psicológica ou emocional requer trabalho e esforço, mas é possível. As pessoas mudam.

Por sua vez, se o suposto professor escolhesse como solução a opção *b*, agiria como um grande reformista: "Continuo sendo racista, mas não de linha dura... Existem pretos que parecem brancos, existem pretos bons...". Mudaria a fachada, mas não o conteúdo essencial de sua maneira de pensar. O homem criaria uma espécie de sub-rotina para deixar o esquema mais "flexível". Porém, muitos princípios não admitem tal mornidão nem meio-termo. Definir-se como "um pouco racista" seria como dizer que a pessoa é "um pouco assassina". Situar-se no ponto *b* implicaria, então, manter o esquema com certa aparência de flexibilidade, mas sem integrar satisfatoriamente a informação contraditória.

Leia o seguinte relato de Anthony de Mello e tire suas conclusões:

O mestre estava explicando a seus discípulos que alcançariam a iluminação no dia em que conseguissem olhar sem interpretar. Eles pediram um exemplo, e o mestre explicou assim:
Dois pedreiros católicos estavam trabalhando justamente em frente a um bordel quando, de repente, viram um rabino entrar furtivamente na casa.
— Só podia ser um rabino — disse um ao outro.
Um pouco depois, entrou um pastor protestante. Eles não se surpreenderam:
— Só podia ser...
Então, foi um padre católico que, cobrindo o rosto com uma capa, entrou também na casa.
— Que coisa terrível, não? Uma das garotas deve estar doente.

Nota: o fato de o cérebro funcionar pelo princípio da economia cognitiva não significa que não se possa reverter sua tendência autoconfirmatória. Como você verá mais adiante, os antídotos contra a resistência à mudança são muitos, e muito efetivos.

"Por que é tão difícil mudar?"
2: os medos pessoais

Quem teme a mudança costuma dizer coisas como: "Deixe estar, é melhor não mexer, para quê?", "Não encha o saco", "Você é um antissistema?" ou "Mudanças são perigosas porque você não sabe o que vai encontrar". São condutas de evitação para que o novo não invista contra essas pessoas e não coloque em xeque suas crenças, sejam quais forem.

Uma vez, quando eu era bem jovem, fui chamado para uma reunião familiar. Minha família em peso estava presente; eram umas quinze pessoas. Ao chegar, eu me dei conta de que se tratava de uma espécie de concílio napolitano, no qual eu era o centro e o objetivo era me "reconduzir" à normalidade, da qual supostamente eu havia desviado. Depois de me olhar dos pés à cabeça e se deter em minha camisa florida, minhas calças justas e meu cabelo comprido com duas tranças, disseram o que pensavam de meu "comportamento preocupante". As perguntas essenciais foram: "Por que você quer mudar tanto as coisas?" e "Por que essa insatisfação tão grande?". Minha família achava que minha atitude rebelde, refletida em minha maneira de me vestir, em defender a paz, em escrever poemas, em dar flores de presente, em fazer greves de fome, em protestar contra a guerra do Vietnã etc., era explicada por algum problema de índole psicológica, um descontentamento sem fundamento ou vontade de incomodar por incomodar. E sentenciaram: "Se continuar assim, vai se dar mal". O que fizeram, ou tentaram fazer? Infundir *medo* em mim para que funcionasse como um freio à minha atitude inconformista.

Obviamente, não conseguiram e, por fim, depois de alguns meses, acabaram se resignando aos "desadaptados" da época. Até aceitaram, de má vontade, certos movimentos contraculturais.

Segundo minha experiência, à medida que a pessoa vai avançando no processo de compreensão e assimilação de uma mudança, vai perdendo o medo de abandonar a tradição e começando a não se deixar influenciar por seus porta-vozes. Em um dado momento, o fato de enfrentar a situação e não fugir faz com que o indivíduo rompa com todos os ensinamentos antiprogresso que recebeu durante a vida. É quando se dá um despertar e a insegurança passa para segundo plano.

PARA PENSAR NO ASSUNTO

Em 1º de dezembro de 1955, Rosa Parks, uma costureira afrodescendente da cidade de Montgomery, Alabama, pegou um ônibus para voltar para casa depois do trabalho. Naquela época, pessoas negras eram submetidas a todo tipo de injustiças, privação de direitos e humilhação. Devido à segregação, não podiam compartilhar certos lugares com pessoas brancas, como restaurantes, cinemas, escolas e banheiros públicos. Essa discriminação também existia no transporte público. Dentro do veículo, havia uma linha que dividia o espaço em dois: na frente só se sentavam os brancos, e os pretos ia na parte de trás. Todos pagavam a passagem pela porta da frente, mas os afrodescendentes tinham que descer e entrar pela porta de trás. Nesse dia, Rosa Parks se sentou na parte do meio, que os negros podiam usar se nenhum branco solicitasse o assento. O ônibus encheu, e quando subiram algumas pessoas brancas, o condutor disse a ela e outros três pretos que cedessem os assentos. Os outros se levantaram, mas ela não. Como estava desobedecendo à lei, o condutor ameaçou mandá-la prender. Ela respondeu que tudo bem. Os policiais chegaram e lhe perguntaram por que não se levantava e parava de criar problemas, e ela respondeu: "Vocês estão nos encurralando em todos os lugares". Tempos depois, ela declarou: "Naquele dia eu estava exausta e cansada de ceder". Vale a pena explicar que Rosa Parks era colaboradora da Associação Nacional para o Avanço das Pessoas de Cor, e muito possivelmente suas motivações foram além do mero cansaço. Enfim, ela passou uma noite presa por "perturbar a ordem pública" e pagou uma multa de catorze dólares para sair. A questão é que o que aconteceu naquele dia se tornou público e foi emblemático para os movimentos em defesa dos direitos das pessoas pretas. Martin Luther King Jr. também ergueu essa bandeira e realizou protestos multitudinários, durante mais de um ano, contra a segregação no transporte público. Dizem que, quando perguntavam a alguns participantes dessas marchas como se sentiam por ir a pé para o trabalho, afirmavam: "Meus pés estão cansados, mas minha alma, livre". Por fim, o caso da costureira foi levado em consideração pela Corte Suprema e o governo dos Estados Unidos aboliu a segregação nos locais públicos.

Todo mundo tem um limite a partir do qual é mais fácil que o medo desapareça. Chame-se saco cheio ou convicção, alguém teve a coragem de quebrar uma norma injusta que se tornara lei e, embora as autoridades resistissem, nada puderam fazer a respeito.

TRÊS MEDOS QUE BLOQUEIAM A MUDANÇA

Os medos pessoais da mudança podem ser muitos, mas apontarei os três que considero mais representativos.

O primeiro medo surge quando os indivíduos não acreditam que serão capazes de se adaptar ao novo, pois pensam que não têm as qualidades ou habilidades requeridas para enfrentar o que os espera. Essa baixa autoeficácia pode literalmente imobilizar as pessoas e provocar antecipações negativas. Volte à primeira parte do livro e leia de novo o tópico "Confie em si mesmo". Tire uma cópia do trecho e leve-a consigo a todos os lugares, faça os exercícios que estão ali, reflita e ponha-se à prova. Você tem duas opções: ver o novo com uma mentalidade fatalista ou como uma oportunidade de avançar na vida. Qualquer processo de inovação implica atualização, revisão e aprendizado de novas formas de funcionamento. Quando estiver diante de uma possível mudança pessoal na vida, utilize três atitudes/estratégias que o ajudarão a encarar qualquer transformação e a vencer o medo dos imponderáveis:

- *Criar um compromisso.* Gere uma implicação pessoal com o novo, de tal maneira que pense que a mudança lhe permitirá melhorar as atividades que considera importantes e aumentar sua satisfação.
- *Fortalecer a percepção de controle.* Aja com a ideia de que é capaz de exercer uma influência significativa no que virá, convença-se de que tem capacidade para enfrentar o desconhecido e não se dê por vencido facilmente.
- *Veja a mudança como um desafio.* Identifique-a como uma oportunidade de crescimento. Como diabos você vai crescer se ficar só no conhecido? É incômodo? Pois bem-vindo ao mundo dos normais. Tome esta frase de Nietzsche como um guia para enfrentar qualquer evento que lhe provoque estresse ou desconforto: "Tire vantagem das contrariedades; o que não mata, fortalece".

O segundo medo tem a ver com a desaprovação social; medo de, se mudar seu estilo pessoal, ser apontado como estranho, desadaptado ou louco. Ou seja, medo de se diferenciar da maioria ou fazer papel de ridículo. Certa vez, em uma praia da Colômbia, eu estava no mar com amigos. A namorada de um deles foi pega por um redemoinho no lugar onde estava, que não era muito fundo. Eu via que ela subia e descia da água, olhava para mim, levantava a mão e afundava de novo. Pensei que estava dando tchauzinho, mas logo notei que estava pedindo ajuda, mas "de um jeito socialmente adequado", com cortesia. Sem gritar, ela dizia: "Estou me afogando". Eu gritei: "Ela está se afogando!", e corremos todos para tirá-la da água. Mesmo sendo um contrassenso, existe uma "moderação extrema". Gente que nunca perde a cabeça nem a compostura para não ser malvista pelos outros. Mas pense bem: se você rir com mesura, se apaixonar com moderação, tiver um orgasmo "comedido" ou quiser fazer uma mudança radical na vida sem alterar muito as coisas, parecerá mais uma planta. O caso de minha amiga é eloquente: ponderação até na morte! Às vezes, temos que nos exceder, mas, obviamente, sem machucar ninguém nem a nós mesmos: dar um grito de felicidade, xingar seu carro porque é a terceira vez na semana que não pega, pular de alegria quando ganha na loteria, uivar para a lua brincando de lobisomem; enfim: ser uma pessoa expressiva, cheia de energia e de vida.

Deixo aqui uma frase do filósofo e escritor argentino José Ingenieros para que a leia várias vezes e note os perigos de ficar na rotina e não mudar nenhum aspecto fundamental de sua vida pelo medo do que vão dizer:

"Os rotineiros raciocinam com a lógica dos outros. Disciplinados pelo desejo alheio, limitam-se à sua caixinha social e se catalogam como recrutas nas fileiras de um regimento. São dóceis à pressão do conjunto, maleáveis sob o peso da opinião pública que os achata como um laminador inflexível. Reduzidos a meras sombras, vivem do julgamento alheio; ignoram a si mesmos, limitando-se a acreditar em si mesmos assim como os demais acreditam".

Impressionante, não?

O terceiro medo da mudança surge quando pensamos que a entrada do novo afetará profundamente nosso sentido de vida, porque nossas crenças e costumes nos definem de maneira radical. Em geral, pessoas assim têm mente dogmática e fanática, a simples palavra *mudança* lhes causa terror, dado que não concebem que seus esquemas possam ser questionados. Aposto que você conhece alguém que é vítima de uma estrutura mental ultraconservadora. Quando batemos em uma mente flexível, ela absorve o golpe; a mente rígida, ao contrário, racha. Se você se apegar a seus paradigmas, a mudança lhe provocará pânico, simplesmente porque você não estará preparado para uma reestruturação interior. A consequência é a seguinte: o passado mandará em você, e sobre ele você construirá o significado de sua existência.

Em certa ocasião, por curiosidade, participei de uma sessão de um grupo que fazia "regressões" por meio de hipnose, cujo objetivo era ter acesso à sabedoria de um médico já falecido. A médium, por assim dizer, era secretária do líder e hipnotizada por ele. Depois de presenciar várias tentativas de contato com o suposto médico em "um plano astral", um amigo que estava comigo, não muito convencido do que estava observando, perguntou: "Como sabem que o suposto 'mestre ancestral' não é um farsante ou que a secretária, de maneira inconsciente, está dizendo o que o chefe dela espera que diga?". Imediatamente, o ambiente adquiriu um clima de profanação. Meu amigo insistiu: "Não existe *nenhuma* possibilidade de que vocês estejam enganados?". A resposta dos organizadores não se fez esperar: "O mestre falou do além! Não vê a importância disso?". Vários de nós, tranquilamente, dissemos que não. Então, a esposa do hipnotizador se levantou e disse em tom cerimonial: "Se fosse um farsante, nós saberíamos... E se fosse uma farsa, nossa vida perderia o sentido, porque o mestre nos ensinou essa missão...". O que mais poderíamos dizer? Se a confrontação continuasse, a reunião teria acabado em uma guerra santa. Nada faria a cabeça daquelas pessoas mudar, porque o sentido da vida delas dependia da ligação com o suposto mestre que falava do além. Eliminar essa crença ou modificá-la era como provocar uma espécie de morte existencial para eles.

Guardadas as devidas proporções, quem já leu o Novo Testamento deve lembrar que a crítica que Jesus fez aos escribas e fariseus – de interpretar e praticar inadequadamente a lei – gerou neles o pior dos temores: descer do pedestal e renunciar à respeitabilidade que lhes era outorgada. A "boa-nova", visto que aqueles sacerdotes não tinham nenhum amor ou compaixão pelas pessoas, era uma verdadeira ameaça a seu *status quo* e sentido de vida. Eles preferiram ajudar a crucificar Jesus a reavaliar seus paradigmas e privilégios.

Outro exemplo, religioso como no caso anterior, mas mais literário, é o argumento do romance de Umberto Eco (e depois o filme de mesmo nome), *O nome da rosa*, no qual começa a suceder uma série de mortes em uma abadia no século 14. Os sacerdotes falecidos eram envenenados de maneira misteriosa. O assassino era um padre velhinho, que achava que a única maneira de adquirir a salvação era pelo temor a Deus. A questão era que havia na biblioteca um texto apócrifo, que foi passando de mão em mão, que apontava o riso como um caminho alternativo ao medo para chegar a Deus. O velho sacerdote o considerava uma ofensa ao Senhor e matava quem lesse o livro para evitar que propagasse essa ideia equivocada e perigosa, segundo ele. Seu medo era que desmontassem a fé tal como ele a conhecia. Qualquer visão alternativa era um risco para os crentes e para o lugar que ele ocupava na Igreja.

"Por que é tão difícil mudar?"
3: a zona de conforto

A zona de conforto é um espaço mental de comodismo, no qual sentimos certa segurança e controle porque tudo está organizado para que os riscos sejam mínimos. Nessa zona, quase tudo é previsível. Quem a habita funciona pelo princípio de que é melhor "o regular ou ruim conhecido que o bom desconhecido". Por exemplo, uma pessoa pode ter um relacionamento afetivo insubstancial, sem graça, mas acha que é "suportável", dado que não há agressão nem grande estresse. O argumento de defesa é o seguinte: "Não é o melhor relacionamento do mundo, mas, pelo menos, vivo em paz" (e bom seria acrescentar: sem paixão, sem alegria suficiente e sem motivações renovadas).

Paz não é entrar em um estado de hibernação; você não é uma marmota, é um ser humano que precisa de metas e certa oposição para poder crescer. Em outras palavras, se você se esconder dos problemas criando um ambiente "sob medida para seus déficits", o sistema imunológico emocional e psicológico se deprimirá e não criará anticorpos. José Ingenieros dizia que pessoas fortes são como pipas: "Sobem quando o vento que se opõe à sua subida é maior".

Imagine que seu trabalho não lhe provoca nenhuma paixão, é monótono e pouco criativo. Todos os dias você faz as mesmas coisas, com o mesmo chefe e à mesma hora. Você já é especialista nessas práticas, são todas iguais. Não é exatamente o que havia imaginado para si, mas está acostumado e acomodado ao escuro poço da rotina. Se você se resignar, sua mente ficará debilitada, perderá lucidez e você chegará perigosamente perto da mediocridade, mesmo pensando que está seguro ali. Pergunto: e os anseios que davam ânimo a seu ser? Por que não buscar outra coisa que lhe provoque paixão? Por que não jogar tudo fora e propiciar uma mudança? Por que não tentar, pelo menos? A resposta é simples e preocupante: você se moldou ao fácil, não quer se incomodar, entrou em um estado de "esfriamento emocional".

Se agiu como nos dois exemplos relatados, na situação que for, criou raízes no lugar errado. Você precisa despertar da letargia. Se não se jogar no mundo e "lutar na vida" para ser o que realmente é, você se transformará em uma pessoa pobre de espírito. Se não entrar em uma "zona de aprendizagem", seu ser não florescerá.

Quando você se tranca em seu refúgio, deixa de fora o sabor da vida, com seus prós e contras. Entenda o que vou lhe dizer: nem toda tranquilidade é saudável; se for um mecanismo de defesa, vai apagá-lo. Tire da cabeça essa ideia absurda do relaxamento permanente. O ser humano precisa de desafios que o sacudam e que ativem seus instintos básicos. Pergunto: você construiu um refúgio ou uma prisão? O triste é que você nem sequer se questiona; ao contrário, acredita que "está tudo bem" ou "não está tão mal assim".

Às vezes, temos que tirar o chão debaixo de nossos pés para reagir e fazer com que nossa verdadeira natureza se manifeste. Preste atenção no seguinte relato:

> OS DOIS FALCÕES
>
> Há muito tempo, em um país distante, um rei ganhou de aniversário dois pequenos falcões, e os entregou ao mestre de caça para que os treinasse.
>
> Passados alguns meses, o instrutor comunicou ao rei que um dos falcões estava perfeitamente educado, havia aprendido a voar e a caçar, mas que não sabia o que acontecia com o outro falcão: não tinha saído do galho em que estava desde o dia de sua chegada ao palácio. Precisavam, inclusive, levar o alimento até lá para ele.
>
> O rei mandou chamar curandeiros de todo tipo, mas ninguém conseguiu fazer a ave voar. O pássaro continuava imóvel. Vendo isso, ele convocou seus súditos para pedir ajuda. E, então, qual não foi sua surpresa, no dia seguinte, quando viu o falcão voar com agilidade pelos jardins de seu palácio.

> — Tragam a pessoa que realizou esse milagre — disse.
> Logo chegou um humilde camponês.
> — Você fez o falcão voar? Como conseguiu? Você é um mago, por acaso?
> O homem respondeu com humildade:
> — Não foi difícil, majestade. Eu apenas cortei o galho. O pássaro percebeu que tinha asas e começou a voar.

Pergunte a si mesmo em que aspectos da vida você está, como o falcão, agarrado ao galho, sem usar suas asas.

PARA PENSAR NO ASSUNTO

Um caso pessoal

Fui professor universitário durante bastante tempo e testemunhei muitos psicólogos se formarem. Dava aulas há três anos quando tive uma crise inesperada a respeito de minha atividade como docente. Um dia qualquer, enquanto me vestia para ir à faculdade, tomei consciência de que não tinha preparado a aula porque já a sabia de cor. Notei que o que escrevia sobre a matéria era praticamente a mesma coisa de sempre. Não me refiro tanto à desatualização dos estudos publicados nas revistas de psicologia, e sim à falta de exemplos e casos novos. Eu estava me repetindo. Cada semestre era quase idêntico ao anterior. Eu mudava, minhas vivências me enriqueciam, minhas aprendizagens me levavam ao crescimento pessoal, mas nada disso se refletia em minhas aulas. Como educador, eu havia criado uma zona de conforto, talvez pela ideia de que "se tudo vai bem, para que mudar?". O conteúdo já estava preparado e eu não precisaria me esforçar se não ampliasse a temática nem estimulasse nos estudantes novas dúvidas e confrontações. Minha mente pensava: "O que ensino é suficiente", e, consequentemente, adotava uma atitude conformista. Quando descobri isso, imediatamente decidi acabar com a passividade e sair da zona de conforto em que estava. A partir daquele momento, cada vez que eu me levantava na sala de aula, sentia que era mais um desafio que um hábito recorrente.

Eu desliguei o modo automático, abandonei a monotonia e cada aula começou a ser uma aprendizagem melhor para os estudantes e para mim. E, acima de tudo, encontrei uma coisa que havia perdido: comecei a curtir, a me divertir. Superei um estado que não soube perceber em mim e cuja presença indica que eu estava em uma zona de conforto: o tédio. Se para se sentir seguro você precisa que sua vida seja como no filme *Feitiço do tempo*, incomode-se, derrube a porta e saia para o mundo. Deixe que o interesse e a alegria se manifestem.

Não se pode evitar a vida. Cada vez que você tropeça e se levanta, progride. A sociedade da certeza é uma miragem, uma ilusão de controle que nos coloca em uma tranquilidade imaginária. Rebele-se contra essa falsa "estabilidade perpétua", que não é nada além de uma felicidade domesticada. Lembre-se: *um bem-estar sem graça e trivial não é bem-estar, é resignação.*

Primeiro antídoto: o valor do esforço

A felicidade e a realização pessoal não vão bater à sua porta; você é quem tem que sair para buscá-las, criá-las ou inventá-las, ou seja, *a transformação pessoal não se alcança por ciência infusa, é mais transpiração que inspiração, mas ambas são necessárias.* A mudança incomoda porque demanda uma boa dose de trabalho, de modo que se sua filosofia de vida for a preguiça, você vai afundar, desgastar-se como uma pedra, em vez de envelhecer.

Quando um sistema qualquer – você, inclusive – passa, por exemplo, de um estado *A* a um estado *B*, precisa primeiro se desorganizar para depois se organizar diferente. Essa "desconfiguração" inicial é o passo inevitável para que surja uma nova disposição das partes que integram o conjunto. A transição de um estado a outro (ou seja, a mudança) incomoda, estressa e, às vezes, irrita. Vamos de um equilíbrio já estabelecido a outro diferente; quebra-se a serenidade aparente para dar um salto qualitativo, que, se tudo der certo, resultará em algo melhor. Mudar é passar por um momento difícil e sair dele.

Os incidentes críticos podem ser vistos como uma oportunidade para melhorar. Os chineses usam dois caracteres gráficos combinados – 危机 (*Wei Ji*) – para representar a palavra *crise*. O primeiro é *Wei* e significa "perigo", e o segundo é *Ji*, que significa "oportunidade". Também podem ser traduzidos como *conflito* e *transformação*.

Pense nas coisas que já foram e são importantes em sua vida e verá que nada "cai do céu"; todas demandaram certa perseverança e consagração. Quem cria uma família, quem educa seus filhos, quem estuda, quem sai para ganhar o pão de cada dia, quem pratica algum esporte de alta performance ou quem é artista, para dar só alguns exemplos, "trabalha para isso". Não esqueça: a verdadeira transformação não ocorre em um mar de rosas ou sob a proteção da vagabundagem.

Certa vez, participei do treinamento de um halterofilista que depois conquistaria uma medalha de ouro nos Jogos Olímpicos. Meu corpo doía só de vê-lo treinar, eu ficava maravilhado observando seus músculos inchando e suas veias saltando pela força que ele fazia. Sua expressão de dor era evidente ao levantar um peso inimaginável, que nem três pessoas juntas conseguiriam erguer. Quando lhe perguntei, depois do treino, o que sentia diante de tamanho esforço, ele respondeu: "Na verdade, acaba virando um prazer, porque sei que quanto mais meus músculos doerem, mais força estarei ganhando". O filósofo Nietzsche falava de uma alquimia vital que transforma a miséria em ouro ou que transmuta o sofrimento em uma dor que serve de impulso e reforça a vontade de seguir adiante, e permite, inclusive, reinventar uma vida nova para não sucumbir.

ALÍVIO E COMODISMO PATOLÓGICO

Muitos pacientes me procuram buscando *alívio* e não *cura*, pois esta, muitas vezes, é dolorosa e requer batalhar com dificuldades diferentes. Alguns costumam dizer: "Dê-me uns conselhos rápidos para resolver o problema". Ou seja, a fórmula mágica, tudo resumido e empacotado para uso imediato e indolor (risco zero, inovação zero, descoberta zero). Mas, na maioria dos casos, conselhos breves não são suficientes, não bastam opiniões, é necessário mais que uma "reforma". Normalmente, é preciso demolir, limpar os escombros e reconstruir. Isso requer mais uma *revolução interior*, parafraseando Krishnamurti, que um *reformismo*.

Sei que você não gosta de saber disso nem de levá-lo à prática, porque está acostumado a apertar um botão e obter tudo imediatamente. Você perdeu algo fundamental para quem deseja evoluir como pessoa: *lidar com o fenômeno da espera*. Quando manda uma mensagem pelo WhatsApp e não aparecem os dois tracinhos azuis indicando que foi lida, você se desespera e pensa: "O que ele está fazendo?"; "Por que não leu minha mensagem?". E há coisa pior, associada à indiferença: quando aparecem os dois tracinhos azuis, mas a pessoa não responde! E os problemas continuam: como já é possível eliminar esses tracinhos e, assim, não temos como saber se a mensagem foi ou não lida, a ansiedade dispara. As fotos, a publicidade, os vídeos, a música ou as notícias parecem viajar à velocidade da luz ou são transmitidos em tempo real; estão a um clique de distância. Mas, na vida real, uma mudança profunda e bem sustentada requer tempo, tenacidade e paciência; exige investimento de energia. Leia a seguinte frase do escritor e prêmio Nobel de Literatura André Gide e tire suas próprias conclusões: "O segredo de minha felicidade está em não me esforçar pelo prazer, e sim em encontrar o prazer no esforço".

AS SITUAÇÕES LIMITE: A VACA E OS ANJOS

Às vezes, fazemos as mudanças conscientemente e baseadas em nossas convicções mais profundas; em outras ocasiões, acontecem por uma necessidade que nos move, querendo ou não, a sair da zona de conforto. Vejamos um relato.

> A VACA
>
> Um mestre reconhecido por sua sabedoria estava passeando por um prado distante da cidade com um discípulo, quando encontraram uma casinha, cuja pobreza era evidente. Foram recebidos por um homem, uma mulher e quatro crianças, todos maltrapilhos.
> O mestre lhes perguntou como faziam para sobreviver, dado que não havia nos arredores onde trabalhar. O homem respondeu que tinham uma vaca que lhes dava bastante leite. Vendiam uma parte em uma aldeia vizinha e usavam a outra para fazer queijos para consumo próprio. Pouco depois, o mestre e seu acompanhante se despediram e continuaram caminhando em silêncio durante um bom tempo. O mestre estava

pensativo, até que, de repente, dirigiu-se ao discípulo e disse com voz firme: "Pegue aquela vaca, leve-a até o barranco e empurre-a".

O jovem pensou que o mestre havia enlouquecido. Comentou que era o único meio de subsistência daquela família e que matar o animal faria com que aquela pobre gente morresse de fome. Mas o mestre apenas reiterou seu pedido, que já era uma ordem. O jovem, desconcertado, foi cumpri-la. Empurrou a vaca pelo precipício e a viu morrer.

Anos depois, o discípulo estava passando por ali e decidiu voltar à casinha para ver o que havia acontecido com a família. Ainda se sentia culpado. Quando chegou, notou que tudo havia mudado. A casa havia sido reformada e era cercada por um jardim, onde uns adolescentes corriam limpos e vestidos decentemente. O discípulo pensou que outras pessoas deviam morar ali, mas qual não foi sua surpresa quando viu que o homem que saiu para recebê-lo era o mesmo daquela outra vez. Admirado, perguntou como haviam feito para sair da pobreza e transformar aquele lugar.

O homem respondeu com alegria: "Nossa vaca caiu no precipício e morreu. Então, fomos obrigados a fazer outras coisas e descobrimos capacidades que não sabíamos que tínhamos. E, como pode ver, conhecemos o sucesso".

As situações limite nos obrigam a arregaçar as mangas e descartar todas as desculpas. A realidade nos arrasta e nos obriga a duvidar dos paradigmas que nos são mais caros.

Proponho um exercício sobre esse tema:

EXERCÍCIO IMAGINÁRIO: UM PASSEIO COM OS ANJOS

Este é um exercício puramente fantasioso. Quero que feche os olhos e imagine que você é um palestrante que se autoproclama um ateu convicto. Você é o líder dos ateus. Sua palestra é uma reafirmação séria e profunda dos princípios que sustentam a irreligiosidade. Suas palavras são tão extraordinárias que as milhares de pessoas que o escutam o ovacionam. Concentre-se, sinta isso, independentemente de suas crenças. Você está falando para uma plateia, baseado em sua convicção. Você não acredita em nada; acha que o espiritual e o transcendente são frutos de um pensamento mágico ou primitivo. Observe-se dizendo: "Deus é uma invenção do homem", "Deus está morto", e coisas assim. Você não tem fé, e sim certeza, e é isso que transmite. Concentre-se. Você está em frente a um atril, sobre um grande palco, expressando o que considera irrefutável, uma verdade que não admite dúvida alguma. Você fala, até que, de repente, ocorre um fato extraordinário, surpreendente e ilógico. Intempestivamente, o teto se abre e descem dois anjos alados, brancos, lindos e enormes. Fique com essa imagem, veja-os em todo seu esplendor. Você empalidece e fica petrificado diante da situação. Faz-se um silêncio total e insondável na plateia enquanto os dois seres batem suas asas, pegam você pelos braços e o levam pelos ares para dar uma volta sobre a cidade. Veja as luzes, os carros, os edifícios, e sinta a brisa em seu rosto enquanto voa. Depois de alguns minutos, eles aterrissam e o deixam de novo no palco. O teto se fecha e você fica olhando para o público, que não foi embora. O que você faria? Continuaria expondo sua tese? Sairia correndo dali? Que diabos diria aos presentes? Questionaria suas crenças? É quase certo que sim, mas mesmo nessa situação, tentaria encontrar uma justificativa, fosse qual fosse. A realidade lhe mostrou dois anjos, todo mundo os viu, não foi uma alucinação. Você os tocou, viu, sentiu o bater de suas asas, eram reais. E eis a pergunta fundamental: você deixaria de ser ateu ou precisaria de mais "provas"? Talvez diga que isso não pode acontecer, que é muito fantasioso ou que não é possível. Tudo bem, mas fica a questão para refletir. Esse ensaio imaginário mostra o impacto que podemos sofrer em uma experiência limite. Um fato que vai direto ao centro de nossa crença mais profunda e nos obriga a assimilá-lo e a nos reavaliar internamente. Mesmo que negasse, essa experiência exigiria que você reavaliasse suas crenças mais arraigadas, por mais esforço que demandasse.

POUCO A POUCO, ESFORÇO MAIS ESFORÇO

Se o esforço bem orientado é um valor ou uma virtude, então pode ser cultivado. Nenhum folgado passa a ser a pessoa mais trabalhadora do mundo da noite para o dia. É preciso treinar e se empenhar para ser mais resistente. Vejamos a tarefa a seguir.

EXERCÍCIO: PASSO A PASSO

1. Escolha uma atividade que não suporta porque, quando tenta desenvolvê-la, sente muito cansaço e seu autocontrole falha. Você não tem paciência nem a força de vontade suficiente para fazê-la.
2. Pense que não está em busca do prazer, e sim da determinação, da constância e da obstinação positiva. Diga a si

mesmo: "É um desafio para mim, não sou tão fraco a ponto de me cansar ou me dar por vencido tão facilmente". Teste sua força. Será um desafio para si mesmo.
3. Não se entregue à atividade como um louco, exigindo de si mesmo além da conta. Suponhamos que a atividade seja fazer exercício físico regularmente, como caminhar na esteira ou em algum lugar. Você pode começar três vezes por semana durante quinze minutos, com um grau de exigência médio.
4. O importante é o que pensa antes e depois do treino. Ao começar, não perca de vista o motivo real: não é emagrecer nem ganhar músculos, nem oxigenar o cérebro ou ver a paisagem. Sua meta é clara: *calejar o sofrimento, o mal-estar ou o desconforto provocado por fazer algo que, em princípio, não lhe agrada*. É um desafio à sua baixa tolerância ao sofrimento. Quando acabar, dê os parabéns a si mesmo. Fazendo isso, você dará um pequeno reforço à sua capacidade de suportar.
5. Use autoafirmações positivas enquanto caminha: "A preguiça não vai me vencer", "Nada se consegue sem esforço", "Vou pôr em prática minha força de vontade".
6. Depois da primeira semana, aumente alguma variável da atividade: tempo, distância ou velocidade. Só um pouco, você não quer bater nenhum recorde, é uma questão pessoal: ter uma relação diferente com o esforço.
7. Repita o itinerário aumentando a dificuldade semana após semana. Antes de dois meses, deverá estar caminhando cinco vezes por semana ou mais, se quiser, e, no mínimo, vinte minutos a meia hora por vez.
8. Quando conseguir avançar, deboche da preguiça em relação à caminhada. Imagine que ela está à sua frente: "Como se sente, preguiça, agora que está perdendo de mim?".

9. Se, ao caminhar, o cansaço for muito grande, diminua a velocidade um instante e depois recupere-a. E motive-se interiormente com firmeza: "Não posso ser tão frágil!". Que o desconforto se torne seu companheiro. Lembre-se qual é a meta: *ficar calejado e entender que, para qualquer coisa que queira fazer na vida, precisa de disposição plena e incentivo, mesmo que doa.*
10. Encontre outra tarefa para a qual a baixa tolerância ao esforço o venceu e lance o desafio. Continue a sequência anterior. Cada nova atividade que fizer vai se generalizar e criar em você uma nova atitude de firmeza.
11. Lembre-se: enfrentar um problema ou realizar mudanças em sua vida não deve se tornar inexoravelmente uma dor de cabeça. Tenha em mente duas questões básicas: transforme a situação em um desafio pessoal ("Vou testar meus limites") e comprometa-se de verdade, com cada fibra de seu ser, a realizar a tarefa ("Vou me envolver de verdade").

Conclusão: um estilo de vida que tem o esforço como um valor tornará mais difícil que a resistência à mudança se instale, e maiores serão suas possibilidades de alcançar uma vida plena.

Segundo antídoto: assuma riscos de maneira responsável

Leia este trecho de José Ingenieros sobre o homem rotineiro, do livro *O homem medíocre*:

Vivem uma vida que não é vivida. Crescem e morrem como as plantas. Não precisam ser curiosos nem observadores. São prudentes, por definição, de uma prudência desesperadora: se um deles passasse pelo campanário inclinado de Pisa, afastar-se-ia dele temendo ser esmagado. O homem original, imprudente, detém-se para contemplá-lo; um gênio vai mais longe; sobe no campanário, observa, medita, ensaia, até descobrir as leis mais altas da física. Galileu.

Quem é você? Aquele que corre assustado, o que fica observando a torre de Pisa ou o que entra e percorre o lugar como faria Galileu? Fizeram você acreditar que o ideal é ter tudo sob controle, mas lamento dizer, não existe um paraíso de segurança total aqui na Terra. Essa é a realidade. A vida é frágil, você também é e, goste ou não, está exposto a riscos constantes: doenças, acidentes, assaltos, quedas, crises financeiras, vírus, guerras, terrorismo etc. É verdade que é possível diminuir a probabilidade de que algo ruim aconteça, mas a possibilidade o acompanhará inevitavelmente, por mais que você esperneie. Uma pessoa ansiosa passará o tempo todo evitando tudo que possa ser minimamente ameaçador, magnificará a situação e tentará se trancar em um bunker. A premissa é clara: com um estilo de vida medroso, você não vai a lugar nenhum.

CASO: O HOMEM QUE SE RECUSAVA A SAIR PARA O MUNDO

Um paciente com agorafobia (medo de grandes espaços abertos) estava há vários anos sem sair de casa. Depois de muito trabalho e sessões domiciliares com três psicólogos, conseguimos fazer com que ele chegasse até a esquina. Nesse ponto, o tratamento empacou por um novo medo que não estava previsto. Antes de atravessar a rua, ele parou, soltou meu braço e me olhou com certa desconfiança: "Acho melhor não... Há muitos carros... Melhor deixarmos para outro dia". Tentei acalmá-lo: "Não se preocupe, vamos olhar com cuidado antes de atravessar". Ele insistiu com sua argumentação: "Mas não é seguro... às vezes, achamos que o carro está devagar e, de repente, já está em cima de nós... Prefiro não atravessar a rua". Eu expliquei novamente que o procedimento adequado, no caso dele, era enfrentar o medo, e propus: "Vamos fazer o seguinte: olhamos ao mesmo tempo, e, quando você disser 'já', corremos até a outra calçada. Garanto que não há perigo. Pense que milhões de pessoas atravessam diariamente as ruas sem que nada aconteça". A réplica não demorou: "Mas algumas são atropeladas". E eu apelei às estatísticas: "É verdade, mas a probabilidade é muito, muito remota". Mas seu argumento também foi estatístico: "E se eu for a exceção?". Eu lhe pedi que arriscasse e que se deixasse guiar por mim, mas ele não sentiu muita confiança: "Você usa óculos. Como vou saber que enxerga bem?". Por fim, depois de eu rebater, um a um, seus argumentos fatalistas, ele conseguiu fazer o esforço e encarar a rua. Quando chegamos ao outro lado, eu e a psicóloga que estava comigo não conseguimos disfarçar a típica expressão de "missão cumprida". Havíamos dado um passo importante, já que o paciente tinha começado a enfrentar seus medos. Mas o prazer da vitória não durou muito: ele estava imóvel, olhando apavorado para a outra calçada: "O que foi que eu fiz! E agora, como vou voltar!?". Sua calculadora de probabilidades estava desregulada; aquilo que era uma probabilidade em um milhão ele interpretava como uma em dez. Precisava ter certeza de que nunca seria atropelado, e isso, como vimos, só se consegue por meio da providência divina.

O que o homem deveria ter feito? Atrever-se a atravessar a rua várias vezes, independentemente de qualquer coisa, enfiar a cabeça na boca do lobo, porque o lobo não existia. Quantas vezes você deixou de fazer alguma coisa importante porque sua imaginação inventou consequências terríveis que nunca acontecem? A premissa é determinante: mudar é correr riscos. E se não der certo? Pelo menos você terá tentado e sido honesto consigo mesmo. Garanto que seria pior ficar a vida toda com a dúvida e o remorso de não ter tentado.

UMA MANEIRA DE VENCER A ANSIEDADE ANTECIPATÓRIA FATALISTA

Uma paciente vítima de um forte fatalismo me dizia: "Doutor, nada é tão ruim que não possa piorar". E, obviamente, em sua versão da lei de Murphy, ela era incapaz de andar livremente pelo mundo sem temer uma desgraça. Qualquer tentativa de melhora pessoal era detida por suas previsões catastróficas. Sua filosofia defensiva era: "Quanto menos fizer, melhor", e, em consequência, sua resistência à mudança subia como espuma.

Se você transita caminhos parecidos com os de minha paciente, eu recomendo o seguinte exercício.

EXERCÍCIO: O MAU ORÁCULO INTERIOR

A técnica do "mau oráculo" consiste em contrastar sua capacidade real de predizer ou pressagiar eventos futuros ruins mediante uma *lista de catástrofes antecipadas* feita por você.

Durante pelo menos um mês, cada vez que lhe ocorrer um prognóstico negativo, anote-o em um caderno. Descreva a profecia com riqueza de detalhes: o que e como vai acontecer e suas consequências. Registre cada mal augúrio durante esse tempo e entregue-se ao pior pessimismo, para ver o que acontece. Você simplesmente se limitará a escrever.

Passado o mês, observe quantas dessas previsões catastróficas se realizaram. Preste muita atenção em seus pensamentos "preditivos", não deixe escapar nenhum e registre todos no papel. Se todas as suas previsões negativas se realizaram, mude de profissão e abra um consultório astral; mas, se isso não acontecer, você aprenderá algo fundamental: suas qualidades de "especialista em antecipar calamidades" deixam muito a desejar.

Repita o exercício várias vezes para se convencer. O importante é que reconheça humildemente que o futuro não foi tão nefasto quanto você previu. Quando você vive dominado pela preocupação irracional e pelo fatalismo, o estresse é quem manda. A premissa libertadora tira você desse esquema absurdo e o abre a um mundo mais realista no que você não vale pelo que antecipa, e sim pelo que faz no aqui e agora.

Não está cansado de perder tempo se defendendo de coisas que só acontecem em sua mente tenebrosa? O desconhecido, o futuro que se relaciona com suas transformações internas e externas pode ser bom ou ruim. Por que não relaxa, pelo menos uma vez, e entrega o controle ao cosmo, ao destino, à sorte ou à providência, segundo sua crença? Que eles cuidem disso. Solte o controle. E, então, repita para si mesmo a frase libertadora que deixa sem base qualquer ansiedade. Diga-a de coração, de verdade: "Aceito o pior que possa acontecer". E depois, o golpe final, para acabar de vez: quando alguém lhe perguntar, com cara de mórbido, sobre seu futuro, diga: "Não faço a menor ideia, pergunte ao universo se você for amigo dele".

AUDÁCIA E EXPERIMENTALISMO:
NÃO CAIR NO ESPÍRITO DE HAMSTER

Uma reflexão: a coragem não é a ausência de medo; é a capacidade de enfrentá-lo para dominá-lo ou superá-lo. Como fazer isso? *Audácia e experimentalismo como forma de vida.* Fazer uso de uma tríade muito poderosa: *tenacidade* (insistir), *vontade* (querer fazer) e *resistência* (capacidade de suportar). Qualquer transformação que queira realizar implica assumir que haverá imponderáveis de todo tipo.

Como você vai mudar se lhe falta coragem? Como se reinventar se o porvir, ou o que acredita que virá, o paralisa? Como desenvolver seu potencial humano se não é arrojado? Como eu disse, a vida é frágil, *mas não covarde*. Temos que nos cuidar, mas não nos enclausurar.

Tome coragem e arranque de uma vez por todas o cinto de segurança que colocaram em seu cérebro; entre na roda e assuma o poder de decisão necessário para estar na vida de corpo e alma. A prudência é uma virtude quando não exagerada. *Precaução razoável* (saudável) é uma coisa, mas *paralisação preventiva* (doentia) é outra bem diferente.

Não estou dizendo que deve se aventurar em qualquer lugar objetivamente perigoso sem uma razão lógica para isso; seria insensato, além de irresponsável. O que proponho é que não deixe que o medo irracional decida por você ou, no mínimo, tente confrontá-lo. Só para "descobrir" se precisa de audácia para ir um pouco além do conhecido; senão, é como ver a vida pelo buraco de uma fechadura.

Vejamos um exemplo, um relato do que poderia acontecer se alguém que costuma agir mecanicamente de repente rompesse com essa prática (costume, norma, hábito) e se perguntasse qual é o sentido do que está fazendo. Ou seja: *se acabar com a resignação e o adormecimento mental que se apoderou da pessoa.*

Suponhamos, então, que haja uma infinidade de pessoas caminhando em um círculo enorme, dando voltas uma atrás da outra, e que nas costas de cada uma há um cartaz para a pessoa de trás. O cartaz diz: "A lei é a seguinte: siga-me sem contestar. Não faça perguntas, caminhe atrás de mim". Espera-se que a "roda humana" continue girando indefinidamente, um atrás do outro, porque essa é a prescrição. Assim as pessoas foram educadas. Mas imagine que alguém, de repente, se pergunte: "O que estou fazendo aqui?", "Por que estou me comportando assim?". E, então, decida desobedecer às instruções do cartaz que está diante dele, dê meia-volta e encontre os olhos de quem está seguindo seus passos mansamente há muito tempo. Tudo se desarranjará; quando um parar, a maioria vai trombar com a pessoa da frente e a confusão será imensa. A conduta irreflexiva do grupo é interrompida e os olhares dos integrantes se cruzam pela primeira vez. Descobrem-se, cotejam-se, individualizam-se, param de agir como uma ninhada de hamsters na roda. Tomam consciência e despertam! Então, começam a questionar aonde estavam indo, e a resposta é triste, mas libertadora: "A lugar nenhum". E logo chegará, inevitavelmente, a pergunta essencial: "Quem nos colocou aqui?".

Lembro-me de um filme, *O expresso da meia-noite*, do final dos anos 1970 (assista!). Em uma penitenciária de Istambul, condenada a trinta anos por porte de haxixe, a personagem tem que enfrentar situações inimagináveis. Uma delas ocorre em uma espécie de hospício, onde as pessoas que ali estão, abandonadas à própria sorte, ficam girando ao redor de um equipamento móvel central, empurrando umas alavancas que saem dele. Todos vão no mesmo sentido, como os peregrinos que dão voltas ao redor da Caaba de Meca. A personagem, em um dado momento, decide ir em sentido contrário, talvez para manter viva a pouca vontade própria que ainda lhe resta. Os outros dizem, insistentemente, que ela está indo no sentido contrário, mas ela não muda a direção.

Em geral, quando alguém se cansa de seguir uma rota preestabelecida, dá uma "sacudida". E aí, pode ser que a "verdade absoluta" não seja tal e que a suposta determinação do destino seja algo que depende mais de você. Mais uma vez, cito Nietzsche: "Há um caminho no mundo pelo qual ninguém além de você pode caminhar. Aonde leva? Não pergunte, caminhe!".

> **PARA PENSAR NO ASSUNTO**
>
> Ser audaz é habitar a incerteza. Você pode fazer isso da maneira ocidental, com gastrite, insônia e estresse, ou da maneira oriental, pegando a onda do imprevisível e surfando nela. Por trás disso há duas posturas existenciais básicas, sobre as quais você deve meditar para escolher: ver a vida como um lago tranquilo e transparente, onde qualquer movimento na água lhe provoca inquietude; ou perceber a vida como um rio vertiginoso e turbulento que arrasta tudo que se aproxima e no qual precisa aprender a sobreviver. Na primeira versão, sua tolerância à frustração será mínima: as ondas provocadas ao jogar uma pedra no lago parecerão a subida da maré. Na segunda, você terá que desenvolver várias estratégias de sobrevivência, por exemplo: boiar, segurar-se em um tronco, deixar-se levar pelo rio e ser parte dele, pedir ajuda, nadar contra a corrente, enfim. A meta será seguir vivendo da maneira como aparecer. *Na primeira, você se tornará uma pessoa intolerante ao mal-estar; na segunda, agirá como um guerreiro da vida.*

Terceiro antídoto: explore, descubra, espante-se

Como já vimos, o esforço e a coragem são dois antídotos imprescindíveis para dar início e manter qualquer transformação. Contudo, também são necessários mais dois elementos que acompanham a abertura à mudança: *curiosidade* e *capacidade de exploração*.

Certas pessoas não têm motivação interna. Poucas coisas chamam sua atenção porque perderam a capacidade de nos chocar (parecem de plástico). Não investigam nem exploram a realidade, e entram em uma espécie de resignação crônica, como se tudo desse na mesma: perderam o dom da curiosidade e a vida não lhes faz nem cócegas. O pensamento que reafirma essa apatia é o seguinte: "Porque vou questionar se tudo já foi dito? Nada me motiva, nada me seduz". Não é depressão, é insensibilidade e conformismo linha dura. Também não é a serenidade do sábio, e sim indolência existencial. O fim do pensamento criativo e a morte emocional: aqui acaba o conhecido e mais além não há nada.

Não chegue a esse ponto, por favor. Quando algo foge do habitual, você pode fazer duas coisas: assustar-se e fugir, porque lhe ensinaram que o inesperado é ameaçador, ou indagar para ver o que está acontecendo, mesmo tomado de adrenalina. A monotonia adormece a capacidade de investigar e você começará a vegetar.

Repito: a emoção da curiosidade é o que determina seu espírito de investigação e a motivação para não ficar com o óbvio. Quando isso ocorre, é preciso rasgar os véus das aparências e deixar que uma pergunta essencial marque o passo: "O que há atrás disso?". A ortodoxia e os indivíduos com resistência à mudança odeiam a curiosidade, veem-na como algo subversivo que induz as pessoas a fazer perguntas que não deveriam fazer. Mas claro, eu me refiro a uma curiosidade saudável que não coloque em risco seu bem-estar (saúde física e psicológica) nem das pessoas que o cercam. "Curiosidade saudável" é aquela que o acompanha em seu crescimento pessoal e o ajuda a potencializar seus talentos. Por isso, não a reprima; conduza-a.

CINZA OU COLORIDO?

Goste ou não, o "instinto de indagar" já está incorporado em seu DNA, é um recurso que a natureza lhe deu para examinar o mundo e enfiar o nariz onde não foi chamado. Intromissão e indiscrição? Sim, mas do bem. Suponhamos que em sua vida cinza, de repente, acontece algo realmente estranho: aparecem umas cores. Isso o intriga. Essa novidade gera um vazio informacional e você sente o impulso de preenchê-lo. Em outras palavras: a incógnita o incita e excita. Um pensamento impregna em sua mente: "Quero saber o que está acontecendo!". Então, você se aproxima dessas tonalidades que se destacam sobre o fundo apagado de sua existência. Cheira-as, toca-as, observa-as de vários ângulos, tenta descobrir do que se trata, de onde provêm, e continua indagando. Seu cérebro se ativa e se conecta com um novo elemento: a *emoção do interesse*. Você não está satisfeito, não sabe direito. Insiste mais. E, inesperadamente, de repente, levanta a cabeça e "faz-se a luz": você descobre o arco-íris.

Uma mente rígida e apegada às convenções jamais se aproximaria para ver as cores que se destacam em uma realidade cinza; não lhe interessa correr o risco de quebrar a ordem imperante. Ela só enxerga o cinza. Cobrirá as cores com a mão porque seu manual de instruções não diz o que fazer. É provável, inclusive, que se enfureça e recomende aos outros: "Não se deixem levar por mentiras, a vida é sombria!". O problema é que você já as viu, já as sentiu nos ossos e não pode mais continuar sendo o mesmo: incorporou o arco-íris à sua memória e suas cores estão dentro de você. Você mudou, tornou-se perigoso para aqueles que defendem o mundo monocromático.

PARA PENSAR NO ASSUNTO

As crianças, por volta dos dois anos, soltam-se da dependência/apego de seus cuidadores (*attachment*) e vão investigar o mundo que os cerca graças a uma fase de independência e desapego (*dettachment*), que é biologicamente determinada. Existe uma força vital e instintiva que os leva a sair da zona de proteção, o que provoca mudanças neurológicas importantes que aumentam e melhoram a capacidade de aprendizagem mediante um processo denominado mielinização (aumento de massa branca). Em outras palavras: a natureza nos quer travessos e inquietos diante do novo. Essa etapa é conhecida como "os terríveis dois anos": a criança sai correndo e os pais correm atrás.

Quanto tempo faz que você não sai sem rumo fixo, que não improvisa? Quando induzo meus pacientes a incrementar seu ambiente motivacional, muitos me dizem: "E faço o quê?". Eu respondo: "Busque". Não há uma lista pré-fabricada sobre o que fazer de bom com sua própria vida. É preciso fabricá-la investigando e experimentando o meio que o cerca: de cada dez portas que abrir, possivelmente uma lhe mostrará algo interessante e maravilhoso que justifique o esforço. Quando o cotidiano ficar comum demais e você puder prever seu futuro imediato muito acertadamente, isso significa que não explorou o suficiente. Quando se vê frequentemente cercado pelo comum, é hora de sair para investigar.

NÃO HÁ NADA MAIS PERIGOSO PARA UMA MENTE RÍGIDA QUE REVISAR UMA TRADIÇÃO OU ACEITAR UMA MUDANÇA

A curiosidade nos faz percorrer caminhos diferentes dos ditados pelo conformismo, conduzindo-nos a algo inevitável que o obscurantismo detesta: *o prazer da descoberta*. Encontrar o desconhecido leva a reacomodar esquemas, revisar paradigmas e descartar o inútil, absurdo ou perigoso – parafraseando Krishnamurti. Ao fazer isso, você tira de sua vida aquilo que já não lhe faz bem, que não combina com a descoberta. Insisto: mesmo que os inimigos da mudança protestem, não se pode contar a cadeia; *a curiosidade leva a investigar, e isso conduz à descoberta, que promove a mudança que, como eu disse, nem sempre é bem-vista.*

PARA PENSAR NO ASSUNTO

Há 175 anos, um ginecologista nascido em Budapeste, chamado Ignaz Semmelweis, aos 30 anos introduziu nos hospitais a prática de os médicos lavarem as mãos antes de fazer os partos. Em meados do século 19, em Viena, onde ele trabalhava, o índice de mortalidade por febre puerperal (infeção adquirida durante o parto) variava entre 11 e 30%. Em sua experiência, o dr. Semmelweis observou que as salas obstétricas com maior mortalidade eram aquelas nas quais os médicos e alunos haviam feito autópsias antes de entrar para fazer os partos.

Naquela época não se sabia da existência de micróbios (Pasteur provaria isso vinte anos depois), e menos ainda que se podia adquirir infecções pelo contato físico. Segundo a teoria dominante, atribuía-se a mortalidade materna à alimentação, à fraqueza ou ao que chamavam de "miasmas" (emanações pestilentas de solos e águas residuais).

Semmelweis pensou que a higiene dos médicos depois de fazer autópsias diminuiria a mortalidade das parturientes, de modo que propôs que lavassem as mãos antes de qualquer intervenção, para ver o que aconteceria. Puro método científico. Isso causou rebuliço entre seus colegas. Em primeiro lugar, porque ia contra o conhecimento aceito na época, e, em segundo lugar, porque a hipótese de Semmelweis implicava que os médicos eram os portadores e causadores da doença. Uma falta de respeito para com aqueles que salvavam vidas! Os resultados obtidos foram excepcionais e a mortalidade caiu para 3%. Mas isso não bastou para mudar o paradigma reinante. O preconceito e o ceticismo dos ginecologistas de Viena não lhes permitiram ver os resultados. Pior ainda,

> demitiram Semmelweis por ter "ideias revolucionárias". Consideraram sua teoria aberrante e contrária ao senso comum. Em outras palavras: mesmo se tratando de vidas humanas, para os médicos foram mais fortes a ofensa a seu status e o medo da mudança. Semmelweis foi internado em um hospital psiquiátrico, onde faleceu, paradoxalmente, em decorrência de um ferimento infeccionado.
> Em 2015, 159 anos depois da morte do dr. Ignaz Semmelweis, a UNESCO reconheceu seu legado, nomeando-o uma das personalidades do ano.

ATREVA-SE A NAVEGAR EM UMA MENTE DIFERENTE DA SUA

Talvez já tenha acontecido algo parecido com você. Quando eu era pequeno, diziam-me: "A curiosidade matou o gato", e eu pensava como diabos isso se relacionava com as sete vidas que esses bichinhos tinham. A ordem era: "Não se meta onde não for chamado". Mas acontece que, às vezes, o chamado é interior e ininterrupto, como uma cascata de perguntas abertas. Quando decidia desmontar algum carrinho ou bonequinho de super-heróis que eu tinha, a bronca não demorava: "Não quebre o brinquedo, quantas crianças gostariam de ter um desses!" – uma tentativa de controle pela culpa e chantagem emocional que não me afetava em absoluto. A questão é que eu não os quebrava, apenas os desmontava para olhar dentro e saber como funcionavam. E, quando acabava fazendo alguma descoberta que me deixava espantado, ninguém me dava atenção. Uma coisa é clara: *a melhor maneira de controlar a tendência à mudança é uma educação que não permita abrir a mente para o desconhecido.* Não gosta do inesperado? Lamento, mas, pensando assim, você terá de excluir de sua vida duas coisas extraordinárias: *a improvisação* e *a espontaneidade*. Inventar ou resolver problemas e permitir que sua naturalidade faça o que quiser. Os obsessivos entram em crise com a primeira ("Improvisar? Deus me livre!"), e aqueles que têm medo da opinião dos outros ficam paralisados diante da segunda ("O que vão pensar de mim se eu me mostrar como sou?"). Suas ferramentas de defesa são especialmente duas: previsão doentia e máscaras a granel.

EXERCÍCIO: EXPLORAR UMA MENTE SEM PRECONCEITOS

Indagar a mente alheia não significa ter que se "converter" a nada, nem assumir como seus os princípios, crenças ou valores do outro que não combinam com sua maneira de ser. Você não precisa conversar com um terrorista nem sair para beber com o líder da Ku Klux Klan. A proposta é interagir de vez em quando com pessoas comuns que tenham filosofias de vida diferentes. Procure gente que teve experiências distintas das suas. Talvez haja mais de uma em seu entorno. Se você se permitir conhecer uma pessoa diferente, não perca a oportunidade. Não importam a etnia, as origens, o sexo ou a crença religiosa da pessoa, não haverá discriminação de sua parte. Você demonstrará interesse em conhecê-la e em escutá-la, e buscará *compreend*ê-la: saber o que pensa, o que sente, qual é sua visão de mundo, seus sonhos, como ama etc. Em última instância, o que é isso? É aproximar duas singularidades. Na psicologia cognitiva, isso se chama "descentralizar-se": sair de sua mente, pôr seus esquemas entre parênteses por um tempo, viajar até a mente do outro e entrar no espaço interior dele. Xeretar em um sentido respeitoso. Não se trata de invadir, e sim de avançar à medida que o outro for lhe abrindo as portas. E você também terá que abrir as suas, porque esse processo de entendimento é de mão dupla. Você encontrará questões que o surpreenderão, assustarão, alegrarão ou simplesmente lhe serão incompreensíveis. Tente entender de onde provêm, qual é sua história, em que se sustentam, como foram gestadas e moldadas. Você estará se movendo por um mar de informações cognitivas e afetivas estranhas, como um antropólogo que encontra uma civilização desconhecida e quer adentrá-la sem preconceitos. Mas atenção: esse exercício não é um interrogatório, é comunicação essencial com outro cuja convivência é válida, tão importante que vale a pena dar atenção e escutar o que ele diz. É uma conversa cordial na qual ninguém se sente avaliado. Uma maneira de "hospitalidade" que facilita a possibilidade de compartilhar divergências e semelhanças. Como já disse, é provável que seu interlocutor, ao ver sua disposição e atitude honesta, também dê início à própria viagem e bata em suas portas para que você as abra. Se nessa tentativa amistosa sentir que a pessoa se fecha, ou quem se fecha é você, volte a seu "eu" serenamente e tire os parênteses. Não foi possível, ele não quis ou você não quis? Respeito absoluto. Mas se ambos decidirem seguir em frente, sorria por dentro, mostre seu coração e deixe que o outro o acaricie. Lembre-se de que a finalidade deste exercício não é convencer nem ser convencido, e sim adentrar a humanidade de alguém que, pela razão que for, você – ou ele mesmo – considera como "diferente". Quando voltar a seu "eu" e se centrar de novo em si mesmo, se tudo deu certo, terá recolhido novas sensações, sentimentos, ideias, vivências e costumes. Aprenderá que existem outras verdades e terá dado rédea solta à sua sensibilidade. E uma coisa muito importante para levar em conta: *aceitar o outro na diferença é uma maneira de reafirmar sua individualidade.*

Talvez você me diga que não quer complicar sua vida, que é melhor continuar como está, quieto, sem se mexer. Afinal, "Minha vida não é tão horrível assim". Preste atenção à parte "não é tão horrível". Não pense como os perdedores. *A ideia não é se conformar com o "menos ruim", e sim com o "melhor possível".*

Quarto antídoto: pratique o inconformismo

Diante da pergunta de uma jornalista: "Que faceta humana nos destrói?", Eduardo Galeano respondeu: "O conformismo, a aceitação da realidade como um destino e não como um desafio que nos convida à mudança, a resistir, a nos rebelarmos, a imaginar, em vez de viver o futuro como uma penitência inevitável".

Galeano, talvez sem perceber, pensava como um grande número de psicólogos, como Abraham Maslow, Carl Rogers, Erich Fromm e Albert Ellis, entre outros, que consideravam o *inconformismo um fator determinante para a realização pessoal*. O que entendemos por *inconformismo*? A atitude ou tendência de uma pessoa que não se conforma facilmente com determinados valores, regras ou costumes sociais, políticos ou culturais, e os questiona ou impugna, especialmente quando são adversos, injustos ou imobilistas. Não me refiro a um inconformismo insalubre e irracional (insatisfação crônica), e sim a um *sensato, pacífico e seletivo*, com a coragem necessária para se expressar quando é preciso. Em outras palavras: usar a inconformidade e, de quebra, não seguir mansamente o que ditam as mentes rígidas e as convenções sociais tóxicas.

Há dois conceitos da psicologia social sobre as normas que seria bom você conhecer:

- *A influência informativa.* Tem a ver com a informação que observamos em situações ou lugares desconhecidos quando

não sabemos como nos comportar. Por exemplo, quando viaja para um país estranho e não conhece os costumes de lá, sem dúvida, as informações que possa reunir serão úteis para não ofender os habitantes do local e para se adaptar ao meio.
- *A influência normativa.* Ocorre quando as pessoas aceitam passivamente as normas para evitar a rejeição social e ter a aprovação dos outros, bem como para subir em determinada escala social.

As pessoas inconformistas são muito resistentes à influência normativa. Todos nós já passamos pela situação de ver que certos costumes não combinam com nossa maneira de ser, mas nos adaptamos a eles, mesmo que de má vontade, devido ao medo de ser diferente. Por que esse medo de ir contra a corrente se você não pretende derrubar nada nem participar de nenhuma revolta? Se só quer seguir seu caminho em paz? O problema é que, se renunciar à sua autenticidade, acabará se acostumando a "sofrer no comodismo", o que significa negar a si mesmo.

COMO SE CRIA UM PARADIGMA?

Como eu disse na introdução, cada um tem uma música interior que segue, um rumor ou um pulso que nos move desde as profundezas de nosso ser. Com você é igual, e se não consegue escutá-la às vezes, é porque há outra melodia que toca mais forte, tocada pelos inimigos da mudança. Mas, apesar da interferência do ruído, é difícil silenciar o inconformista. O tempo todo ele marca seu próprio ritmo e dança ao compasso de outra melodia.

Os outros não gostam disso? O que se há de fazer? Sua meta não é o reconhecimento nem fazer que os outros dancem com você. Se comentarem por aí que você é um rebelde, um incorrigível ou um desajustado, ignore. Veja da seguinte maneira: chamam-no de "rebelde" porque você se opõe a certos paradigmas que considera inapropriados; chamam-no de "incorrigível" porque não se curva diante dos modelos de autoridade psicológica que lhe propõem; chamam-no de "desajustado" porque você defende sua singularidade e não se deixa domesticar pela "mentalidade de massa". Pois então, isso o ofende ou o enaltece?

A melhor maneira de lutar contra os paradigmas irracionais é compreender como são criados. Já vimos no relato de "O gato sagrado" de que maneira um comportamento qualquer pode se tornar objeto de culto. Vamos analisar, agora, por meio de um relato sobre um experimento feito com macacos, como são criados esses paradigmas ou modelos de funcionamento.

PARA PENSAR NO ASSUNTO

Cinco chimpanzés são colocados em uma jaula, em cujo centro há uma escada com um cacho de bananas no alto. Quando os macacos notam a existência do alimento, não tardam a subir a escada para alcançá-lo. Mas não é tão fácil. Cada vez que um deles sobe os degraus, um jato de água gelada molha os cinco.
Como é lógico, depois de algumas tentativas, os primatas associam as bananas ao jato de água gelada. Em consequência, cada vez que um deles tenta subir a escada, os outros o agridem de todas as maneiras possíveis: gritos, golpes e mordidas. Depois de um tempo, nenhum macaco tenta de novo, para evitar as surras, e os pesquisadores desligam a água gelada.
E eis aqui o importante. Os pesquisadores tiram um dos cinco macacos e colocam outro na jaula. O recém-chegado vê as bananas e, como não sabe o que acontece, tenta pegá-las, mas os outros imediatamente o castigam ferozmente.

O novato não entende o que está acontecendo e tenta mais algumas vezes, até que se dá conta de que é melhor ficar quieto para evitar apanhar. Logo se repete o procedimento de tirar um macaco e colocar outro. O novo, assim como o anterior, quer pegar as bananas, e chega a surra dos outros quatro macacos – inclusive do novato, que não sabe por que ninguém pode subir na escada. Depois de um tempo, o novo decide não tentar mais. E assim vão substituindo, um a um, todos os macacos, até que não sobra nenhum dos cinco iniciais, quando era lançado o jato de água. Os pesquisadores colocam mais um macaco, que vê as bananas, tenta pegá-las e os cinco o castigam. O surpreendente é que nenhum deles sabe por que faz isso. O cacho de bananas no alto da escada é implicitamente declarado um "fruto proibido".
Qualquer semelhança com a realidade não é mera coincidência. Instaura-se um paradigma ou norma: "Proibido subir na escada e pegar as bananas", cuja origem, razão ou motivo é desconhecido para quem o transmite. Ninguém sabe por quê; só sabem que é assim. Se um dia entrar um macaco inconformista, talvez se pergunte por que as coisas são assim e tente, mesmo que tenha que aguentar algumas surras. E se finalmente conseguir subir e pegar uma banana, todos descobrirão que, na realidade, não há problema algum.

NUNCA SE CANSE DE PERGUNTAR "POR QUE AS COISAS SÃO ASSIM, E NÃO DE OUTRA MANEIRA?

Uma dica para não deixar que sua mente se "acostume ao costume" é se perguntar sempre o porquê das coisas que acontecem dentro ou fora de você. Não se conforme com qualquer explicação.

Vejamos um exercício usado em terapia cognitiva.

EXERCÍCIO: A FLECHA PARA BAIXO

Faça este exercício quando estiver sozinho. A flecha para baixo indica que você deverá perguntar "por quê" tantas vezes quanto seja capaz de responder a uma afirmação qualquer. É um pingue-pongue de perguntas e respostas que você joga sozinho. Vejamos a seguinte sequência:

Pensamento inicial: Estou triste.
Flecha: Por que estou triste?
Resposta: Não sei.
Flecha: Por que digo "não sei"?
Resposta: Porque me falta informação.
Flecha: Por que não tenho informação suficiente?
Resposta: Talvez porque não me conheço o suficiente.
Flecha: Por que não me conheço o suficiente?
Resposta: Não cuido de mim mesmo, ando descuidado (falta de amor-próprio).

Pare com os "por quê" quando aparecer algo relevante ou se entrar em um círculo vicioso no qual as respostas não ofereçam nada novo. Uma condição a considerar é que seu pensamento inicial deve ser concreto e conter apenas uma pergunta. Vamos aplicar isso a um costume ou norma social:

Pensamento inicial: Não é certo falar palavrão.
Flecha: Por quê?
Resposta: É de mau gosto e falta de educação.
Flecha: Por que é de mau gosto e falta de educação?
Resposta: Porque pessoas bem-educadas não falam palavrão.
Flecha: Por que não?
Resposta: Porque aprenderam que não devem falar.
Flecha: Por quê?
Resposta: Para não causar uma má impressão (dependência do que os outros vão dizer).

Quando adquirir o saudável costume de se perguntar "por que algumas coisas são assim e não de outra maneira?", terá criado um esquema de curiosidade e inconformismo saudável. Será imune à resistência à mudança.

EPÍLOGO

Se chegou até aqui, suponho que criou algum esquema de inconformidade e a ideia de que não é uma marionete da cultura que pretende levá-lo de um lado para o outro sem considerar sua singularidade. Também suponho que tem mais clareza sobre a ideia de que se opor pacificamente a uma lavagem cerebral que queiram lhe fazer é direito seu, e não uma "má conduta". Como viu, a obediência cega rouba sua humanidade.

Não são as únicas, mas, quando você se soltar das quatro âncoras ou correntes mencionadas ao longo do livro, sentirá sua mente mais sagaz e penetrante, o que nada mais é que seu ser em liberdade. Assim, começará a ter vida própria e se apoderará de si mesmo. Mas é possível que um medo surja de vez em quando: "Se devo pensar por mim mesmo, a responsabilidade do que eu fizer será exclusivamente minha". Esse é o medo da liberdade de que Fromm falava; todo mundo o sente, de uma maneira ou de outra. E eu pergunto: o que prefere: ser um idiota feliz ou uma pessoa lúcida com momentos de infelicidade? Autoengano ou realismo?

Krishnamurti dizia que a liberdade não está no final, e sim no início. E essa ideia, que parece um mero slogan, é mais que isso. O que você pode buscar ou descobrir com uma mente cheia de idiotices, medos e mentiras que não o deixam decidir livremente? Primeiro, você precisa soltar o freio de emergência daquilo que não o deixa se mexer. Se não pensar, ansiar e sentir você mesmo, em pleno uso de suas faculdades, quem vai desenvolver seu potencial humano? Aproprie-se de seu ser, seja atrevido e ponha em prática uma autonomia inteligente: esse é o primeiro grande passo antes de avançar em outras áreas.

A ideia não é protestar por protestar, nem para chamar a atenção; é resgatar sua individualidade e usá-la em toda sua capacidade e sem complexos, ou seja, mesmo que os outros não gostem. Você vai se sentir leve, seguro, alegre, digno, audacioso, corajoso, curioso, explorador e inventor de sua existência quando decidir ser você mesmo. Sem máscaras e sem o peso da necessidade de aprovação, você será maravilhosamente genuíno.

Nem tudo será um mar de rosas, mas a cada problema, cada obstáculo, cada dificuldade que cruzar seu caminho, você ficará mais forte. É o calo da experiência, a marca do guerreiro, que nunca se aposenta porque a paixão de existir está em seus genes e, a partir de agora, é dirigida por você. Você faz, você esculpe, como um artista.

Na primeira parte, vimos que você se esqueceu de seu ser porque a aprendizagem social privilegiou uma atenção, preocupação e fascinação pelo externo, em detrimento do conhecimento de si mesmo. Diminuir ao mínimo uma cultura da interiorização é pôr o autoconhecimento em quarentena e mantê-lo o mais longe possível. Mesmo assim, é possível recuperá-lo. Ninguém pode aceitar passivamente ser ignorante de si mesmo, porque, se assim for, acabará se tornando um ser incompleto ou um robô que só responde aos estímulos externos (como um rato em um labirinto manipulado pelo experimentador). Não aceite isso! Não se entregue! Você não é um roedor, apesar de, às vezes, ser provocado a se comportar como se fosse. Você é a fera do conto do leão que não se urina.

Na segunda parte, analisamos como a aprendizagem social, e às vezes nós mesmos, influenciados por ela, cria modelos de autoridade psicológicos ou emocionais (com seus "argumentos de autoridade" correspondentes) para que sejam nossas referências. Escutar, sim; obedecer cegamente, não. Há modelos de autoridade por todo lado e eles entram em seu cérebro como um exército de troianos. Quando isso acontece, você tem que pedir aprovação a eles para fazer qualquer coisa. Vai se subjugar diante deles, honrá-los. Respeitar não é se ofuscar e adorar o outro, como se estivesse em um culto.

Na terceira parte, nosso foco consistiu em elucidar por que é prejudicial ser arrastado pela maioria e como se opor à corrente da massificação que pretende instituir a uniformidade. A meta é salvar e reafirmar sua singularidade e exercer o direito a ser uma ovelha negra, um bicho esquisito ou um patinho feio. Ou seja, ser diferente. Saia do espírito de colmeia! E, mesmo que alguns entrem em crise quando o virem percorrer seu caminho pessoal, mostre sua individualidade sempre que puder. Não sei até onde poderão arrastá-lo, mas espero que seja muito difícil para eles.

Na quarta parte, analisamos de que maneira as mentes rígidas, o conformismo e a tradição irracional nos esmagam. Uma mente congelada involui, quebra-se, morre emocional e psicologicamente; uma mente aberta à mudança e flexível se atualiza, cresce, evolui. É indiscutível, e a evidência empírica embasa isso. Ouse ser um livre-pensador. Pergunte e use todos os "porquês" que lhe ocorram, até ficar insuportável. Veja além do evidente e questione o que tiver que questionar (sempre pacificamente). Não fique de braços cruzados vendo o progresso e a criatividade passando ao seu lado. Reinvente-se!

Em resumo, caro leitor, se na primeira maneira de adestrar nossa mente *bloqueiam* nossa liberdade de olhar para onde desejamos, na segunda nos *subjugam* e nos levam pelo nariz a uma obediência cega, na terceira nos *arrastam* a uma mentalidade de massa e na quarta nos *esmagam* com a obrigação de seguir todas as normas, costumes e regras sociais, sem o direito de questioná-las, então, eu lhe pergunto: faz sentido que fiquemos impávidos e deixemos que acabem até com nosso último vestígio de inteligência e humanidade?

Em conclusão: se você foi bloqueado, subjugado, arrastado e esmagado em nome do socialmente correto, é hora de defender seu "eu" e sua individualidade: tenha a coragem de ser quem você é, mesmo que não goste tanto assim (problema de quem não gostar).

REFERÊNCIAS

Baudrillard, J. (1990). *La transparencia del mal*. Barcelona: Anagrama.

_____ (2009). *La sociedad de consumo: sus mitos y estructuras*. Madri: Siglo XXI.

Bauman, Z. (2008). *Modernidad líquida*. Buenos Aires: Fondo de Cultura Económica.

_____ (2010). *Vida de consumo*. España: Fondo de Cultura Económica.

Bernal, O. A. (2015). *Psicología social*. Madri: Biblioteca Nueva.

Bracht Branham, R. e Goulet-Cazé, M.-O. (eds.) (2000). *Los cínicos*. Barcelona: Seix Barral.

Bruckner, P. (2003). *La miseria de la prosperidad*. Barcelona: Tusquets. Burckhardt, M. e Höfer, D. (2017). *Todo o nada. Barcelona*: Herder.

Chaplin, L. N., Rindfleisch, J. A., Roedder, S. e Froh, J. J. (2019). The impact of gratitude on adolescent materialism and generosity. *The Journal of Positive Psychology*, 14, pp. 502-511.

Cortina, A. (2000). *Ética sin moral*. Madri: Tecnos.

Csíkszentmihályi, M. (2008). *El yo evolutivo*. Barcelona: Kairós.

Dowling, N. A. e Quirk, K. L. (2009). Screening for internet dependence: do the proposed diagnostic criteria differentiate normal from dependent internet use?. *CyberPsychology & Behavior*, 12(1), pp. 21-27.

Emerson, R. W. (2009). *Confianza en uno mismo*. Madri: Gadir.

Ennis, R. H. (1991). Critical thinking: A streamlined conception. *Teaching Philosophy*, 14(1). Disponível em: http://education.illinois.edu/docs/default-source/faculty-documents/robert-ennis/ennisstreamlinedconception_002.pdf?sfvrsn=91b61288_2. Acesso em: 22 de abril de 2019.

Flügel, J. C. (2015). *Psicología del vestido*. Madri: Melusina.

Foucault, M. (1996). *Hermenéutica del sujeto*. La Plata (Argentina): Altamira.

Fromm, E. (1997). *Ética y psicoanálisis*. México: Fondo De Cultura Económica.

_____ (2011). *Sobre la desobediencia*. Barcelona: Paidós.

Greene, T. W. (2012). Three ideologies of individualism: toward assimilating a theory of individualisms and their consequences. *Critical Sociology*, 34, pp. 117-137.

Han, B. C. (2017). *La expulsión de lo distinto*. Barcelona: Herder.

_____ (2018). *Hiperculturalidad*. Barcelona: Herder.

Harari, Y. N. (2018). *21 lecciones para el siglo XXI*. Barcelona: Debate.

Hays, P. A. e Iwamasa, G. Y. (2006). *Culturally responsive cognitive-behavioral therapy*. Washington: American Psychological Association.

Hogg, M. A. e Vaughan, G. M. (2008). *Psicología social*. Madri: Editorial Médica Panamericana.

Ingenieros, J. (2017). *O homem medíocre*. São Paulo: Ícone.

Jiménez Herrera, M. A. (2016). Un acercamiento a la moda desde la mirada filosófica de María Zambrano. *Daimon Revista Internacional de Filosofía*, 5, pp. 507-514.

Judt, T. (2011). *Algo va mal*. Madri: Taurus.

Krabbenborg, M. A. M.; Boersma, S. N.; Veld, V. D.; Vollebergh, W. A. M. e Wolf, J. (2017). Self-determination in relation to quality of life in homeless young adults: Direct and indirect effects through psychological distress and social support. *The Journal of Positive Psychology*, 12(2), pp. 130-140.

Kramer, A. e Zinbarg, R. (2019). Recalling courage: An initial test of a brief writing intervention to activate a "courageous mindset" and courageous behavior. *The Journal of Positive Psychology*, 14(4), pp. 528-537.

Latouche, S. (2014). *Hecho para tirar*. Barcelona: Octaedro.

Lent, R. W.; Ireland, G. W.; Penn, L. T.; Morris, T. R. e Sappington, R. (2017). Sources of self-efficacy and expectations of results for career exploration and decision making: a test of the social cognitive model of career self-management. *Journal of Vocational Behavior,* 99, pp. 107-117.

Lipovetsky, G. (2000). *El imperio de lo efímero.* Barcelona: Anagrama.

_____(2003). *Metamorfosis de la cultura liberal.* Barcelona: Anagrama.

Mafesoli, M. (2009). *El tiempo de las tribus.* México: Siglo XXI Editores.

Mann, T. C, e Gilovich, T. (2016). The asymmetric connection between money and material vs experiential purchases. *The Journal of Positive Psychology,* 11(6), pp. 647-648.

Milgram, S. (2002). *Obediencia a la autoridad.* Bilbao: Desolée de Brouwer.

Montesinos, T. (2017). *El triunfo de los principios: cómo vivir con Thoreau.* Bogotá (Colômbia): Ariel.

Myers, D. G. (2004). *Exploraciones de la psicología social.* Madri: McGraw-Hill.

Niemeyer, C. (2012). *Diccionario Nietzsche: conceptos, obras, influencias y lugares.* Madri: Siglo XXI Editores.

Nietzsche, F. (2001). *El espíritu libre.* Buenos Aires: Longseller.

O'Brien, J. (2015). Individualism as a discursive strategy of action. *Sociological Theory,* 33, pp. 173-199.

Omi, Y. (2012). Collectivistic individualism: Transcending a traditional opposition. *Culture & Psychology,* 18(3), pp. 403-416.

Onfray, M. (2007). *Cinismos.* Buenos Aires: Paidós.

Pigem, J. (2018). Ángeles o robots. Barcelona: Fragmenta.

Reyes, O. (2003). *El desafío cínico.* Bogotá (Colômbia): Ediciones Desde Abajo.

Riso, W. (2013). *Pensar bem, sentir-se bem.* São Paulo: Planeta/Academia.

_____ (2018). *Filosofía para la vida cotidiana.* México: Planeta.

_____ (2016). *O direito de dizer não!.* São Paulo: L&PM Editores.

Robles, B, e Ramos, S. (2018). Moda: entre la originalidad, la identidad y la alienación. *Temas de Psicoanálisis,* 16. Disponível em: http://temasdepsicoanalisis.org/2018/07/11/moda-entre-la-originalidad-la-identidad-y-la-alienacion/. Acesso em: 24 de abril de 2019.

Ryan, R. M, e Deci, E. L. (2000). Self-determination theory and the facilitation of intrinsic motivation, social development, and well-being. *American Psychologist,* 55(1), pp. 68-78.

Sandel, M. J. (2013). *Lo que el dinero no puede comprar.* Barcelona: Debate.

Thoreau, H. D. (2008). *Desobediencia civil y otros escritos.* Madri: Tecnos.

LEIA TAMBÉM:

Walter Riso
Me cansei de você
Deixe os relacionamentos tóxicos para trás e redescubra o amor
academia

Walter Riso
Amar ou depender?
Como superar o apego afetivo e fazer do amor uma experiência plena e saudável
)|(Academia

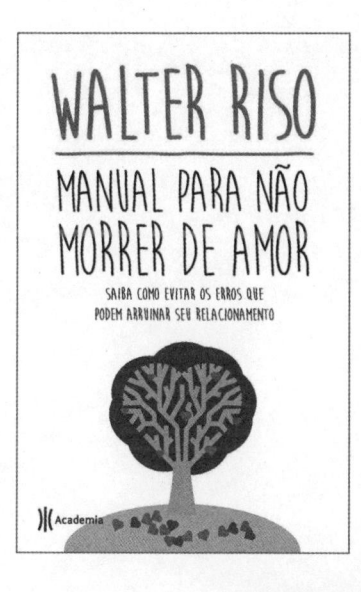

WALTER RISO
MANUAL PARA NÃO MORRER DE AMOR
SAIBA COMO EVITAR OS ERROS QUE PODEM ARRUINAR SEU RELACIONAMENTO

)|(Academia

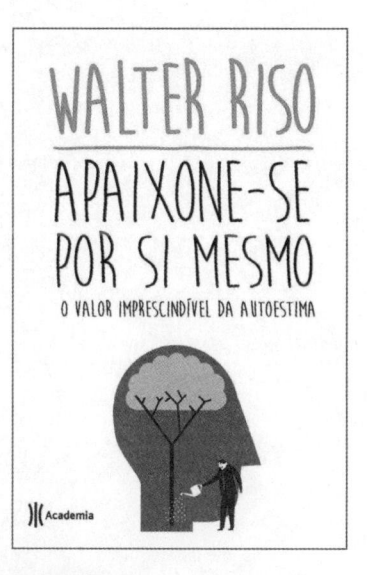

WALTER RISO
APAIXONE-SE POR SI MESMO
O VALOR IMPRESCINDÍVEL DA AUTOESTIMA

)|(Academia

WALTER RISO
Pensar bem, sentir-se bem
Como se livrar das armadilhas da mente

)|(Academia

**Acreditamos
nos livros**

Este livro foi composto em Founders Grotesk
e impresso pela Gráfica Santa Marta para a Editora Planeta
do Brasil em abril de 2024.